콘텐츠 전략가

세계 최대 기업의 UX 기반 콘텐츠 전략

콘텐츠 전략가

나탈리 마리 던바 지음

Content
Strategists

유엑스 리뷰

일러두기

— 단행본은 『 』로, 정기 간행물은 《 》, 기사는 〈 〉로 표기하였습니다.
    국내 출간 단행본은 실제 제목으로 표기하였으며, 국내 미출간
    단행본은 원어를 병기하였습니다.

— 국립국어원 외래어 표기법에 따라 외국 인명과 외래어 등을 표기
    하였습니다. 다만 널리 쓰이는 표현의 경우 이를 따랐습니다.

— 게재한 URL은 2024년 7월 기준입니다.

추천의 글

"나탈리 던바는 『콘텐츠 전략가』를 통해 콘텐츠 전략가와 콘텐츠 팀을 발전시키고 성장시키는 데 도움이 되는 팁, 실무, 그리고 각종 툴을 제공한다."

- 리사 웰치먼Lisa Welchman,
『혼돈 관리Managing Chaos』 저자

"콘텐츠 전략 때문에 힘들었던 적이 있다면 『콘텐츠 전략가』가 좋은 친구가 될 것이다. 이 책은 재미있고 유익하며, 실무적인 경험을 쌓는 지혜로 가득 차 있다."

- 사라 와처 베처Sara Wachter-Boettcher,
『어디에나 있는 콘텐츠Content Everywhere』, 『실생활을 위한 디자인Design for Real Life』,
『기술적으로 틀렸다Technically Wrong』 저자

"이 책은 UX 기반 콘텐츠 전략의 클래식으로 자리 잡을 것이다. 그리고 콘텐츠 전략가가 자신의 여정을 잘 나아갈 수 있게 돕는다. 어려운 일이지만 이렇게 해냈고, 심지어 쉬워 보이게 만들었다. 물론 나는 절대 그것이 쉽지 않다는 것을 안다."

- 에이미 밀하우저Amy Mihlhauser,
콘텐츠 전략가

"이 책은 콘텐츠 전략을 수립하고 확장할 때 안개 낀 여정 속을 헤쳐가려는 사람들에게 환상적인 가이드가 될 것이다. 나탈리가 혼돈과 모호함을 이겨내고 실용적이고 실행 가능한 조언과 꼭 따라야 할 프레임워크를 제공하는 방식은 대단히 실용적이다. 끊임없이 업무가 확장되는 기업들의 실무자들에게 이 책은 분명 귀중한 자료가 될 것이다."

- 앤디 웰플Andy Welfle,
『UX 라이터의 글쓰기 수업』 저자, 어도비Adobe 콘텐츠 디자인 책임자

"만약 조직에서 유일한 '콘텐츠 담당자'라면, 『콘텐츠 전략가』를 통해 콘텐츠 전략과 가치를 표현하는 데 필요한 프레임워크를 배워라."

- 저스틴 매킨리Justin McKinley,

포춘 100대 기업 및 스타트업, 콘텐츠 책임자

"실제 사례가 풍부하게 수록된 이 실용적인 책은 성공적인 콘텐츠 전략을 구축하고 유지하기 위한 진정한 블루프린트이다. 열정적이고 즉각적인 행동을 가능하게 만든다. 나는 이 책을 한시라도 빨리 추천하고 싶은 마음이다."

- 메간 케이시Meghan Casey,

Do Better 콘텐츠 컨설팅 대표,

『콘텐츠 전략 툴킷The Content Strategy Toolkit』 저자

"이 책은 모든 레벨의 콘텐츠 전략가와 디자이너의 성공에 필요한 위한 실용적인 매뉴얼이다. 콘텐츠 전략가라면 분명 공감할 것이다. 그야말로 치트키다."

- 알라드리안 굿즈Aladrian Goods,

인튜이트Intuit 콘텐츠 디자인 관리자

"나는 완전 처음부터 콘텐츠 전략을 구축하고 확장해야 했는데, 그때 내 손에 나탈리의 책이 있었다면 아마 그 일이 훨씬 더 수월했을 것이다."

- 다비드 딜런 토마스David Dylan Thomas,

『인지 편향을 위한 디자인Design for Cognitive Bias』 저자

CONTENTS

CHAPTER 1

콘텐츠 전략을 위한 블루프린트   23

CHAPTER 2

조직적 협력 관계 구축   49

이 책을 활용하는 방법

누구를 위한 책인가?

이 책은 콘텐츠 전략 실무를 수립하는 이들을 위한 것으로 특히 디지털 또는 UX 중심의 부서나 서비스를 구축하는 실무를 위한 책이다. 이 책의 독자는 아마도 사무실 내 유일한 콘텐츠 담당자이거나, 성장을 원하는 소규모 콘텐츠 팀의 리더이거나, UXUser Experience(사용자 경험) 또는 디자인옵스DesignOps(디자이너가 최초에 의도한 콘셉트와 개발자의 요구 사항을 이해하고 협업할 수 있게 도와주는 커뮤니케이션 시스템)의 리더로서 콘텐츠 전략을 기초부터 구축하는 업무를 담당하고 있을지도 모른다. 처한 상황이 어떻든 이 책은 끊임없는 동반자가 되어 줄 것이며 때로는 외로운 여정의 길잡이가 될 것이다.

이 책에는 무엇이 담겨 있나?

콘텐츠 전략을 수립하는 데 도움이 될 실행 가능한 계획을 찾는 중이라면, 1장에 소개된 콘텐츠 전략 블루프린트Blueprint(건축의 도면을 복사하는 데 쓰는 사진, 여기서는 콘텐츠 전략에 대한 계획)을 시작으로 이 책 안에서 모두 찾을 수 있다. 이는 건축 계획처럼 콘텐츠 전략 실무의 기반을 다질 때 활용될 것이다.

1장에서는 콘텐츠 전략 블루프린트의 첫 번째 구성 요소인 비즈니스 사례를 만들기 위해 토대를 마련하는 방법을 설명한다. 2장부터 5장에 걸쳐 다루게 될 실무 블루프린트의 나머지 모든 구성 요소는 이 첫 번째 핵심 요소를 지원하기 위한 다리가 될 것이다. 이 장들에서는 고객이나 조직의 요구 사항에 맞춰 추후 확장할 수 있는 지속 가능한 실무를 만드는 방법에 대해 자세히 설명한다.

6장에서는 강력한 실무 핵심을 유지하기 위한 방법론을 제시한다. 또한 실무 확장을 결정하는 경우, 높지만 안전한 발판을 구축하는 것에 대해 설명한다.

7장과 8장에서는 리툴링Retooling의 개념, 즉 용도를 변경하거나 보강해야 하는지를 확인하기 위해 실무 구축에 사용한 도구의 인벤토리 생성에 대해 설명한다. 또한 에이전시나 조직 내에서 콘텐츠 전략 성숙도 및 성장 단계를 향한 여정에 도움이 되는 토대를 배울 수 있다.

9장에서는 리더가 이해할 수 있는 언어와 개념을 사용하여 경영진에 적절한 수준의 실무 작업을 제안하는 방법을 알려준다. 또한 콘텐츠 전략의 관점에서 리더의 요구 사항을 해결하는 방법도 배울 수 있다.

10장에서는 블루프린트와 지원 챕터에 요약된 모든 단계와 그 단계들을 다루었는지 여부를 확인하기 위해 실무 수립 노력을 점검하는 데 사용할 수 있는 체크 리스트가 담겨 있다.

각 장 마지막 부분에는 체크 리스트가 담겨 있다. 누락된 부분이 없는지 점검하고 보완하는 용도로 사용하는 데 유용할 것이다.

이 책은 다음의 사항들을 포함한다

- **핵심 개념** 콘텐츠 전략을 수립하는 실무에서 도움이 되는 핵심 개념
- **유용한 팁** 콘텐츠 전략을 수립하는 실무에서 추가적으로 활용 가능한 팁
- **콘텐츠 전략가의 조언** 콘텐츠 전략가로서의 경험을 바탕으로 한 저자의 조언
- **글로벌 기업 실무자들의 조언** 현장 이야기를 들려주는 글로벌 기업 실무자들의 조언

자주 묻는 질문

이 책은 어디서부터 어디까지 적용되는가?

　이 책은 다양한 규모의 콘텐츠 전략 실무를 수립하거나 강화하는 데 도움이 된다. 조직 내에서 유일한 콘텐츠 담당자이거나 중소 규모 콘텐츠 팀의 관리자로서 수요 증가에 맞춰 운영을 확장하거나 성장시키고자 하는 경우, 이 책의 접근 방식을 충분히 활용할 수 있다. 1장부터 5장까지는 모든 규모의 실무 구축을 위한 단계를 알려준다. 6장에서는 실무의 핵심을 유지하는 방법을 배울 것이다. 이는 다양한 규모의 실무에도 적합하다. 이후 6장부터 9장까지는 성장할 준비가 완료된 경우를 대비하여 지속 가능성 및 확장성에 초점을 맞춘다.

이 책을 통해서 콘텐츠 전략이 무엇인지, 어떻게 수립하는지 배울 수 있나?

　그렇다. 하지만 이 책은 UX에 더 초점이 맞춰져 있고 더 큰 디자인옵스 조직의 일부가 될 수 있는 콘텐츠 전략 실무를 수립하는 관점에서 쓰였다.

이 책에서 언급된 실무 수립 방법론과 접근 방식의 기반이 되는 콘텐츠 전략의 정의는 무엇인가?

　콘텐츠 전략이 무엇인지에 대해서는 다양한 정의가 존재한다. 2장의 콘텐츠 전략 실천 공동체 헌장Content Strategy Community of Practice Charter에는 다음과 같은 정의가 포함되어 있다.

콘텐츠 전략은 유용하고 사용 가능한 콘텐츠의 생성, 전달, 거버넌스를 안내한다.

- 콘텐츠 전략은 적합한 사람들에게 적합한 콘텐츠를 적합한 장소에서 적합한 시간에 제공하는 것을 의미한다.
- 콘텐츠 전략은 콘텐츠의 라이프사이클 전반에 걸친 사용자 중심이자 목적성 중심 선택이 통합된 집합이다.[1]

이 책에 담긴 블루프린트는 다양한 실무 유형을 수립하는 데 적용할 수 있지만, 여기서는 특히 UX 중심의 콘텐츠 전략 실무를 설정하는 데 초점을 맞춘다.

콘텐츠 전략가로서 성공적으로 나아가고 있다는 것을 언제 알 수 있나?

성공적으로 나아가고 있다는 것을 확인하는 방법은 대부분 어떤 조직에서 업무를 수행 중이며, 언제 적합한 리더십을 발휘하는지에 따라 달라진다. 이에 대한 보다 자세한 내용은 9장을 참조하라.

---

1 Kristina Halvorson, "What Is Content Strategy? Connecting the Dots Between Disciplines", Brain Traffic (blog), 2017.10.26.

콘텐츠 전략가는 아니지만 자신이 속한 조직이 실제적인 전략을 수립하는 일에 투자할 필요가 있다고 생각하는 경우, 이 책은 리더에게 해당 내용을 주장하는 데 도움이 될 수 있나?

물론이다. 콘텐츠 전략가라면 누구나 이 책이 유용하다는 사실을 알게 될 것이다. 우선 1장의 블루프린트를 통해 무엇이 필요한지를 이해하는 것이 좋다. 여러분이 그것을 수행할 적임자인지는 그다음에 결정하도록 하자. 만약 여러분이 아니라면, 여러 사람 중에 콘텐츠 전략가를 찾아내기 위한 노력이 필요하다. 바로 그런 상황에 이 책을 그들에게 전해 주면 된다. 그리고 가능하다면 그 과정의 모든 단계를 지원하자. 시간이 걸릴 수도 있다. 그 길이 조금 외로울 수도 있다. 그러나 이 블루프린트를 잘 따라간다면 다시 들여다보거나 혹은 몇 단계를 반복하더라도 결국 성공할 것이다.

서문

  2009년, 구글에서 '콘텐츠 전략'을 검색한 결과는 약 8,000여 건이었다. 아마존에는 관련 책이 고작 두 권뿐이었다. 링크드인을 통해 '콘텐츠 전략가'라는 검색어로 찾은 서른 명 전부에게 연락을 돌릴 수 있을 만큼 콘텐츠 전략가가 없었다. 그리고 정말로 열심히 찾는다면 아마 해당 주제와 관련된 블로그를 너덧 개 정도 찾을 수 있었을 것이다.

  내가 이러한 사실들을 알고 있는 이유는 그해에 나의 책 『웹 컨텐츠 전략을 말하다』 집필을 시작했기 때문이다. 실제로 그해 나는 혼자가 아니라는 것을 깨닫고 링크드인에 있는 서른 명의 콘텐츠 전략가들에게 모두 연락한 적이 있다. 콘텐츠 전략을 필수적인 실무로 수용할 수 있는 더 넓은 UX 분야를 원하는 이들도 있었다. 그래서 우리는 함께 이야기를 시작했고 대화는 금세 활기를 띠었다. 회의가 열렸고, 책들이 발간됐으며, 콘퍼런스도 개최됐다. 콘텐츠 전략가의 업무들이 게시되었다. 세상에! 전 세계 모든 사람이 콘텐츠의 전략적 가치를 이해했고, 모든 것이 순조로웠다. 끝.

  하지만 절대로 그렇지 않았다. 상황은 어려웠다. 그리고 여전히 어렵다. 많은 조직의 경영진들은 여전히 콘텐츠를 쉽게 구할 수 있고, 또 쉽게 게시할 수 있는 하나의 상품 정도로 보는 경향이 있다. 콘텐츠 전략, 콘텐츠 디자인, UX 라이팅에 의미 있는 리소스를 할애하지 않기도 한다. 아직까지 일부 웹 사이트와 애플리케이션은 사용하기 어렵다.

  하지만 여기서 좋은 소식이 있다. 바로 콘텐츠가 UX의 성패를 좌우할 수 있다는 사실을 깨닫고 콘텐츠 전략에 대해 진지하게 생각할 준비가 된 조직도 있다는 사실이다.

  물론 '지대한 관심'과 '진지한 투자' 사이에는 엄청난 차이가 있다. 그것이 파고들 지점이다. 콘텐츠 전략가의 업무는 고객이나 조직의 사고와 프로세스를 탈바꿈시켜 콘텐츠 전략이 비즈니스 수행 방식의 기본 구조가 되도록 지원하는 일이다. 쉽지 않은 일이라는 것은 알고 있다. 하지만 충분히 달성 가능한 일이다. 이 책, 『콘텐츠 전략가』가 이를 실현하는 데 도움이 될 것이다.

나탈리의 책은 콘텐츠 전략 실무를 확장시키기 위한 마법 같은, 안전장치가 완벽한 공식이 아니다. 조직은 모두 다르기 때문에 조직 고유의 길을 찾아야 한다. 또한 모든 것이 함께 잘 어우러지는 행복한 결말로 끝나는 동화도 아니다. 그러나 수십 년간 실제 현장에서 필요로 했던 정보를 제공하고 힘을 실어준다. 나탈리는 사람들이 변화를 위해 긴 시간 동안 고민하지 않아도 되도록 '블루프린트'를 제시한다. 이 실용적인 가이드는 공유 원칙에 기반을 두는 지속 가능한 콘텐츠 전략 실무를 성장시키는 탐색 경로인 셈이다. 상황을 완전히 바꿔놓을 것이다.

따라서 궁극적 목표가 만약 모두에게 더 나은 콘텐츠라면, 이제 새로운 각본을 손에 쥔 셈이다. 그러니 앞으로 나아가면 된다. 당장 시작하라. 나탈리가 여러분의 든든한 지원군이 돼 줄 것이다.

-크리스티나 할버슨Kristina Halvorson
브레인 트래픽Brain Traffic 창업자 겸 『웹 컨텐츠 전략을 말하다』저자

소개

"어떻게 하면 좋은 콘텐츠 전략가들을 찾을 수 있을까요?"

광고 에이전시의 UX 팀 프로젝트 매니저로부터 이와 같은 질문을 받았다. 나는 에이전시 최초의 계약직 콘텐츠 전략가로 영입되었다. 이 질문은 까다로운 고객에게 콘텐츠 전략 결과물을 제출한 직후, 또 다른 고객의 프로젝트를 진행하기 위해 업무 범위를 협상하던 중 에이전시 관리자가 내게 던진 질문이었다. 코미디처럼 들리겠지만, 나는 "좀 더 구체적으로 말씀해 주시겠어요? 저는 아주 다양한 분야를 다루거든요."라고 대답했다.

나의 이런 건방진 반응은 미약하게나마 유머를 시도한 것이기도 했지만, 실제로 다음 질문들을 받았을 때 느꼈던 순수한 공포심을 숨기기 위한 것이었다. "다른 콘텐츠 전략가를 찾고 팀을 구성하는 것을 도와주시겠어요?", "현재 고객들과 잠재적 고객들에게 서비스를 제공할 수 있도록 UX 팀 내에서 콘텐츠 전략을 수립하는 것을 도와주시겠어요?" 같은 질문들 말이다.

"음, 물론이죠!"

그 당시에는 깨닫지 못했지만, 에이전시가 UX 기능 목록에 콘텐츠 전략을 추가한 후 단독 클라이언트 프로젝트로 시작했던 것이 고객의 다양한 기회를 담은 포트폴리오로 성장했다. 그리고 적어도 이 모든 것은 훌륭한 콘텐츠 전략가를 찾을 때까지 오로지 나 혼자의 힘으로 처리해야 했다. 하지만 열정적인 다른 콘텐츠 전략가를 데려오기 전에 먼저 지속 가능성을 보장하기 위한 과정, 절차, 결과물을 모두 갖춘 실질적인 작업 방식을 확립하는 것이 합리적이라는 생각이 들었다.

콘텐츠 전략의 시작부터-

당시 UX 팀은 네 명의 시각 디자이너, 한 명의 UX 리더, 한 명의 인포메이션 아키텍트Information Architects(콘텐츠에 직관적으로 접근할 수 있도록 정보 체계를 조직화하는 사람)와 콘텐츠 전략가(다시 말하자면 나)를 비롯한 몇 명의 개발자로 구성됐다. 콘텐츠 전략을 디자인과 UX 프로세스에 통합하는 절차가 없었기 때문에 콘텐츠 전략을 처음 접했을 때 나는 무심코 동료들의 기분을 상하게 했었다. 기본적으로 어떠한 구조나 발판이 마련되지 않은 상태에서 업무를 시작하려고 했다.

결국 나는 동료들과 회의실의 화이트보드 주위에 모여 다양한 색깔의 마커와 포스트잇을 준비했다. 몇 주간의 작업 끝에 콘텐츠 전략을 완벽하게 포함한 프로세스 전 과정에 대한 프레임워크를 개발했을 뿐만 아니라, 지속 가능한 콘텐츠 전략 실무를 구축하기 위한 기본적인 블루프린트도 확인했다.

몇 년 후, 나는 대형 헬스케어 회사로 옮겨가 다른 두 명의 동료와 함께 공동으로 텐츠 전략 업무를 진행했다. 하지만 그 두 동료는 몇 주 만에 회사를 떠났다. 그래서 팀에 남아 있던 여섯 명의 콘텐츠 전략가들을 이끌게 되었다. 또한 확장 가능하고 지속 가능한 콘텐츠 전략 수립이라는 궁극적인 목표를 가지고 회사 내 꽤 큰 규모의 경험 디자인 팀의 다른 분야와 프로세스를 통합하는 어려운 작업을 시작해야 했다.

꿈만 같은 기회로 들리지 않는가?

여기서 콘텐츠 전략을 처음 접한 것은 온라인 디렉터리 회사의 선임 라이터Writer로 재직 중일 때다. 회사의 대표는 우리에게 표면적으로는 디지털 포트폴리오를 확장하면서 사업 수단을 가르치는 데 도움을 준다는 명분으로 대형 디지털 에이전시의 계약직 콘텐츠 전략 팀을 데리고 왔다. 우리는 우리가 가진 콘텐츠를 양적이나 질적으로 평가하고, 이후 해당 콘텐츠로 대체 무엇을 해야 하는지 파악하는 과정에서 그들의 전문 지식과 가이드가 절실히 필요했다.

하지만 그들은 매우 폐쇄적이었고 콘텐츠 팀은 그들과 통합되거나 그들로부터 배울 기회가 없었다. 나는 그들과 '콘텐츠 인벤토리inventory(기업이 가지고 있는 자산과 재화) 및 감사', '갭gap(차이) 분석 수행' 등에 대해 논의했던 건 기억나지만 그 노력을 통한 어떠한 결과물도 받은 적이 없다. 궁극적으로 우리는 수많은 시행착오를 겪고 오프라인 및 온라인에서 발견한 자료들을 취합하여 스스로 문제를 파악해야 했다.

콘텐츠 전략에 대한 나의 실무는 10년에 걸쳐 성장했는데, 처음 접한 이후 대부분 스스로 터득해 왔다. 나의 성장은 내게 정보를 제공해 준 많은 라이터의 작업 덕분이었다. 그러나 콘텐츠 전략가가 한 가지 유형만 있는 것이 아니듯 콘텐츠 전략을 수립하고 수행하는 데 있어 단 한 가지 방법만 있는 것도 아니다.

-콘텐츠 전략의 확장까지

그래서 내가 그 헬스케어 회사의 콘텐츠 전략 실무 책임자 자리를 제안받았을 때 해야 했던 일은 대략적인 블루프린트 및 프로세스 프레임워크를 스케치하는 것이었다.

가장 큰 질문은 바로 '내가 그것을 확장할 수 있는가?'였다.

그 과정에서 콘텐츠 전략가라는 타이틀을 둘러싼 영역 다툼이 장기화되면서 마케팅 파트너와의 콘텐츠 전략 프로세스 및 접근 방식에 대해 갈등 상황들이 있었다. 그러나 우리는 블루프린트를 기반으로 계속해서 더 큰 UX 중심의 콘텐츠 전략 실무 방식을 수립하고 확장하며 유지할 수 있었다.

이 블루프린트는 5가지 주된 요소로 구성된다. 이는 몇 가지 원칙과 함께 1인 기업에 적합한 콘텐츠 전략 실무를 구축하기 위한 토대를 제공하고, 중소기업에서 규모를 확장해 대기업 내에서 구축된 콘텐츠 전략 실무를 유지할 수 있도록 지원하는 데 도움을 준다.

어떤 규모의 실무를 수행 중이든 간에, 모든 규모의 콘텐츠 전략 실무 구축 사례에 대한 유용하고 실행 가능한 정보를 이 책을 통해 확인할 수 있을 것이다.

CHAPTER 1
콘텐츠 전략을 위한
블루프린트

건축물의 매력에 완전히 빠져버렸다. 단독주택, 고층주택 할 것 없이, 특히 오피스 건축물에 사로잡혔다. 사실, 늘 건축 과정에 대한 건전한 호기심을 품고 있었다. 일례로 아래 사진 1.1은 내가 해비타트Habitat(열악한 주거 환경에서 살아가고 있는 사람들에게 자원봉사자들이 집을 지어 주는 것) 운동의 일환으로 진행했던 건축물의 전경이다. 건축물의 토대가 기둥을 지지하는 방식, 기둥이 보를 지지하는 방식, 보가 바닥을 지지하는 방식 등 최초 착공 시점부터 외관 완성에 이르기까지 건축 시공의 예술성과 순서 체계 안에서 편안함을 느낀다. 건축 설계도에 쓰인 대로 잘 따라가기만 하면, 모든 구성 요소들이 완벽히 어우러지면서 강풍이나 지진도 거뜬히 견딜 수 있는 강력한 구조물이 완성된다.

사진 1.1 UX 팀과 함께 자원봉사자로 참여했던 건축물의 모습

콘텐츠 전략가로서 커리어를 쌓는 동안 동료들에게서 '팀을 구성하는 것' 또는 '실무를 수립하는 것'에 대한 이야기를 들어왔다. 이 이야기들은 구체적인 기능이나 목적을 가진 구조물을 건축한다는 측면에서 비슷했다. 때문에 콘텐츠 실무 수립을 건축으로 비유하는 것은 큰 의미가 있다.

하지만 UX 분야에서는 건축 과정과는 다른 상황들이 종종 발생했다. 예를 들면,

콘텐츠 실무가 순서를 고려하지 않은 채 수립되는 경우가 있었다. 이는 토질 시험이 끝나기도 전에 기초 공사를 시작해서 토대를 지탱하는 데 필요한 작업을 생략하는 결과를 초래하는 것과 같았다. 또한 사용자의 니즈와 비즈니스의 목표를 충실히 이행했는지 확인하는 작업을 건너뛰는 경우도 있었다. 그러는 동안 필연적으로 콘텐츠 실무의 구조가 무너지기 시작했다. 보통 이러한 관행들은 결국 실패로 이어진다.

기초부터 확실하게 시작하기

에이전시 기반의 콘텐츠 전략 실무를 처음부터 구축하고, 이후 중소기업이나 대기업 조직 내에서 기존 실무를 확대 및 유지할 기회를 얻게 되면서 나는 구조를 지탱하는 데 중요한 단계를 건너뛰면 실패한다는 사실을 깨달았다. 혹은 구조물을 구축하기 위해 사용된 프레임워크가 장력과 압력 모두, 또는 둘 중에 하나로 인한 지속적인 스트레스를 견디지 못해 무너질 수 있다는 것도 알게 됐다.

이 강력해 보이는 실무가 무너지게 된 원인을 생각하면서, 해답을 찾기 위해 건축 비유로 다시 돌아오게 됐다. 그 이유는 모호한 디지털 정보 공간보다 머릿속으로 더 구체적인 모형을 구성하기가 때로는 더 쉽기 때문이다.

만약 건축으로 비유하는 방식이 어렵게 느껴진다면 다음의 것들을 시도해 볼 수 있다. 다음 예시 중에서 관련성이 높은 비유를 골라 UX에서 발생할 수 있는 상황들을 생각해 보자.

- 인터넷은 공간이다.
- 웹 사이트 또는 모바일 애플리케이션은 해당 공간 내의 목적지이다.
- 중요한 것은 사람들이 그 공간에서 길을 잃지 않도록 돕는 것이다.

이제 이 주제에 맞춰 UX에 초점을 맞춘 콘텐츠 전략을 수립할 기회가 바로 눈앞에 펼쳐진 자연 그대로의 땅이라고 상상해 보자. 철저한 계획, 적합한 재료, 그리고 적절한 도구만 있다면 땅 위에 기반을 다지고 콘텐츠 전략 실무를 세울 준비가 된 것이다.

그리고 주어진 땅을 갈아서 건축물을 지을 공간을 준비해야 한다. 그리고 그 중심에는 '콘텐츠 전략가'가 있다. 그리고 건축물에 대한 계획을 세우는 것뿐만 아니라 건축 재료 및 필요한 도구를 준비해야 한다. 운 좋게도 이 책이 도움을 줄 것이다.

핵심 개념 **장력과 압력**

> 건축에서 장력은 건축 자재를 당기거나 늘릴 때 발생하는 힘이다. 콘텐츠 전략 실무를 수립하는 과정에서 본다면 장력은 실무의 핵심에서 벗어나는 업무를 하도록 요구될 때 발생한다.
>
> 압력은 건축 자재가 밀리거나 압착될 때 발생하는 힘이다. 실무를 수립하면서 압력은 다기능 팀Cross-functional Team(여러 직군의 구성원이 하나의 목적을 위해 협업하는 팀) 외부의 반발로 나타날 수도 있다. 장력과 압력의 개념이 실무에 어떤 영향을 미칠 수 있는지에 대한 자세한 내용은 3장 '프로세스 프레임워크'에서 확인할 수 있다.

부서, 팀, 실무: 어떻게 불리는지는 중요치 않다, 중요한 것은 실무다

그렇다면 왜 실무를 수립하는 데 초점을 맞출까? 콘텐츠 전략 부서를 신설하거나 또는 기존 부서를 확장하여 콘텐츠 전략 팀을 구성하는 데 초점을 맞추는 것은 어떨까? 사실 부서, 팀, 실무 등 어떻게 불리는지는 중요하지 않다. 중요한 것은 실무다.

그 이유로는 첫째, 콘텐츠 전략이 성공하기 위해서는 기능적인 차원에서의 영구성, 즉 확고한 기반에서 시작해야 하기 때문이다. 콘텐츠는 콘텐츠 제작에서 아카이

브에 이르기까지 자체 라이프사이클을 가지고 있고, 그 안에 어떤 형태로든 유지되어야 하는 콘텐츠가 확실히 존재해야 한다. 그리고 새롭게 큐레이팅되고 생성된 콘텐츠가 라이프사이클의 또 다른 시작이 된다는 사실도 잊지 않아야 한다.

콘텐츠 부서와 콘텐츠 전략 팀은 조직이나 에이전시 내 다양한 장소에 배치된다. 고객 관리 같은 다양한 조직 기능에 포함되기도 하며 또는 영상 콘텐츠와 같은 특정 프로덕트나 기능을 지원하는 팀에도 존재한다. 또한 저소득층 의료 보장 제도인 메디케이드 플랜Medicaid Plan(소득이 특정 빈곤선 이하인 극빈층에게 정부가 공동으로 의료비를 지원해 주는 제도)과 같은 조직 내 단일 사업군과 연계된 조직 기능에 포함되어 있기도 하다. 이러한 팀들은 고도로 전문화된 경향이 있는데, 특정 비즈니스 니즈에 맞춘 콘텐츠에 대해 전략적으로 접근하는 것에 중점을 둔다.

그러나 그 팀이 조직 내 어디에 있든 상관은 없다. 콘텐츠 전략가는 거래를 성사시킬 수 있는 구조를 구축한 조직이라면 조직 전체에 걸친 기능으로서 콘텐츠 전략을 배포할 수 있기 때문이다. 또한 콘텐츠 전략가가 자신의 업무를 제대로 수행할 수 있는 특정 부서가 있다면 콘텐츠 전략 업무의 강도를 조절하며 콘텐츠 실무의 핵심을 지원하는 데 큰 도움이 된다.

또한 부서와 팀이 서로 흡수되거나 완전히 해체될 수도 있다. 콘텐츠 전략가들이 다른 유형의 콘텐츠 업무로 재배치되거나 더 최악의 경우 해고되거나 포기하는 경우가 있다. 콘텐츠 전략 실무를 구축함으로써 이러한 결과를 방지할 수 있다고 단정 지으려는 것이 아니다. 다만 다기능 팀의 동료, 프로덕트 오너, 그리고 모든 이해관계자의 지원과 참여를 통해 실무를 구축해야만 더 바람직한 선택을 할 수 있다고 말하고자 한다. 특히 많은 이들이 콘텐츠 전략 실무 수립에 시간과 자원을 투자한다면 분명 그 결과 덕분에 그들도 이익을 얻게 될 테니 말이다.

카피라이팅 그 너머: 콘텐츠 전략의 시작

유일한 '콘텐츠 담당자'라고 상상해 보자. UX를 위한 카피를 쓰고, UX 원칙에 대해 높은 이해도를 지녔으며, 검색 엔진 최적화 SEOSearch Engine Optimization(검색 엔진으로부터 웹 사이트 트래픽의 품질과 양을 개선하는 과정)에 대한 약간의 지식도 있을 것이다.

물론 콘텐츠 전략에 대해 들어봤겠지만 여전히 배울 것이 많을 것이다. 이러한 상태에서 고객이 콘텐츠 전략의 수립을 요청할 것이다. "반복적으로 사용 가능한 콘텐츠를 만드는 데 콘텐츠 전략이 유용하다고 들었어요. 그 작업을 해 줄 사람이 있나요?"라고 물을 것이다.

이와 같은 상황을 이전에 경험했거나 현재 경험하고 있거나 디지털 크리에이티브 디렉터, 콘텐츠 관리자, UX 책임자로서 비슷한 상황에 처한 경우라면 심호흡을 크게 하고 커피 한 잔을 챙겨 책 읽기 좋은 편안한 공간에 자리를 잡아라. 여기에 다져야 할 땅과 세워야 할 건축물들이 있다. 하지만 우선은 세부적인 사양을 검토해야 한다.

콘텐츠 전략 실무에 관련된 책을 읽고 있으니 콘텐츠 전략이 무엇인지에 대한 조사를 마쳤거나 혹은 콘텐츠 전략이 무엇인지에 대해서 조금은 알고 있을 것이다. 그러나 콘텐츠 전략을 배우는 동시에 실무를 구축하는 중이라면 너무 걱정하지 않아도 된다. 아래의 도서를 참고할 수 있다.

가장 먼저, 마이클 J. 메츠Michael J. Metts과 앤디 웰플Andy Welfle의 『UX 라이터의 글쓰기 수업』은 한국에서 발간되어 있으며 UX 라이팅의 핵심 개념을 자세하게 알려주는 가이드이다. UX 라이터가 알아야 할 핵심 개념들부터 애플, 어도비, 메타, 에어비앤비와 같은 글로벌 기업들의 UX 라이팅 사례를 함께 설명하고 있다. 콘텐츠 전략에 대해 추가적으로 알고 싶다면 이 도서를 참고해도 좋다.

또한 다음의 목록은 아직 한국에서는 발간되지 않은 도서들이다. 첫 번째부터 다섯 번째 책은 콘텐츠 전략의 대상과 방법에 대해 자세히 설명한다. 여섯 번째 책은 콘텐츠 전략에서 콘텐츠 디자인의 변화를 추적하고, 마지막 두 권은 백 엔드 콘텐츠 전략에 관한 것이다. 이는 콘텐츠를 전략적으로 구성하여 미래에 대비하기 위함이다. 프런트 엔드와 백 엔드 콘텐츠 전략 접근 방식에 대해서는 4장 '콘텐츠 전략의 확장'에서 자세히 알아볼 예정이다.

① 리처드 셰필드Richard Sheffield의 『웹 콘텐츠 전략의 바이블The Web Content Strategist's Bible』
② 크리스티나 할버슨Kristina Halvorson과 멜리사 라흐Melissa Rach의 『웹 컨텐츠 전략을 말하다』
③ 에린 키산Erin Kissane의 『콘텐츠 전략의 요소The Elements of Content Strategy』
④ 마고 블룸스테인Margot Bloomstein의 『일에서의 콘텐츠 전략Content Strategy at Work』
⑤ 메간 케이시Meghan Casey의 『콘텐츠 전략 툴킷The Content Strategy Toolkit』
⑥ 사라 리처드Sarah Richards의 『콘텐츠 디자인Content Design』
⑦ 앤 로클리Ann Rockley와 찰스 쿠퍼Charles Cooper의 『기업 콘텐츠 관리: 통합 콘텐츠 전략Managing Enterprise Content: A Unified Strategy』
⑧ 사라 와처 베처Sara Wachter-Boettcher의 『어디에나 있는 콘텐츠Content Everywhere』

콘텐츠 전략 블루프린트 구성 요소 5가지

메리엄 웹스터Merriam Webster 온라인 사전에 등재된 블루프린트Blueprint의 정의 중 두 번째 항목을 살펴보면 "… 특히 세부적인 계획이나 행동 프로그램 블루프린트와 유사한 것"이라고 나와 있다. 세부적인 계획이나 행동 프로그램이라는 부분은 콘텐츠 전략 실무를 구축하는 데 필요한 구성 요소를 고려할 때, 지침을 제공하기 위한 도구로써의 블루프린트의 개념과 유사하다.

콘텐츠 전략 블루프린트에는 5가지 구성 요소가 존재한다.

① 비즈니스 사례 만들기
② 다기능 팀과 강력한 관계를 구축하기
③ 프로세스 프레임워크 생성하기 및 도구 큐레이팅하기
④ 늘어나는 수요를 충족하기 위한 규모 조정하기
⑤ 의미 있는 성과 측정 기준 수립하기

이번 장에서는 각 블루프린트의 구성 요소가 지속 및 확장 가능한 실무 방식을 구축하는 데 어떤 도움이 될 수 있는지 알아본다. 그리고 다음 장에서는 이러한 구성 요소를 지원하는 인력과 프로세스에 대해 이야기할 것이다.

마지막으로 한 가지 덧붙이자면, 기반을 다지기 전에 우선 수립하고 있는 콘텐츠 전략 실무 유형을 잘 알아보도록 하자. 이러한 블루프린트는 다양한 유형의 실무에 적용할 수 있지만, 특히 여기서 중점을 두는 것은 UX 중심의 콘텐츠 전략 실무를 확립하는 일이다. 실무란 웹 사이트 및 모바일 애플리케이션을 포함한 디지털 채널 전반에 걸쳐 브랜드나 조직의 디지털 정보 공간을 창조하고 UX를 지원하는 업무를 이야기하며, 이는 AI나 블록체인 등으로 확장시킬 수도 있다.

소셜 미디어 공간 및 웹 사이트에서 콘텐츠 인벤토리 및 감사하는 것도 실무에 포함될 수 있지만, 이 책은 소셜 미디어, 웹 사이트, 이와 유사한 채널에 콘텐츠를 배치하는 데 초점을 맞춘 콘텐츠 마케팅 전략에 관한 것은 아니다.

① 비즈니스 사례 만들기

건축 및 건설업 분야에서는 새로운 터전을 마련해야 하는 경우 혹은 더 큰 공간이 필요한 경우 등 여러 가지 다양한 상황이 발생하기 때문에 상황에 따라 인접한 부지를 확보해야 한다. 콘텐츠 전략 실무 구축도 마찬가지다.

주택의 보수를 위해 부동산 대출을 원하는 집주인과 마찬가지로, 콘텐츠 전략을 구축하는 것이 어떤 식으로 에이전시나 조직에 가치를 더하게 되는지 보여주고 싶을 것이다. 이런 이유로 블루프린트의 첫 번째 구성 요소는 비즈니스 사례를 만드는 것이다. 또한 이어지는 모든 구성 요소는 이 첫 번째 단계를 올바르게 구축함과 동시에 실무에 대한 확고한 기반을 다지는 데 도움이 되는 중요한 요소이다.

비즈니스 사례가 딱 맞는 경우도 있다. 예를 들어, 리더가 웹 사이트 디자인 같은 고객 프로젝트에는 단순히 표지만 수정하거나 복사, 새로 고침 작업 그 이상의 것이 요구된다는 사실을 인식하고 있는 경우가 있다. 그들은 사용자 니즈를 충족시키고 비즈니스 목표를 달성하는 데 필요한 콘텐츠를 지원하기 위해 보다 신중하고 영구적인 무언가가 요구된다는 것을 알고 있다. 따라서 기존 UX 팀을 보완하고 중요한 기술을 제공할 수 있는 콘텐츠 전략가를 원한다.

다른 경우, 콘텐츠 마케팅과 구별되어 UX 측면의 콘텐츠 전략의 수립과 성장을 지지하는 사람도 있다. 이러한 경우 실무는 콘텐츠의 구조 및 경험 과정에서 한 지점에서 다음 지점으로 넘어가는 정보의 흐름이나 경로를 나타내는 시각적 단서 등이 사용자가 필요한 것을 찾아내고 원하는 작업을 성공적으로 완료하는 데 어떻게 도움이 되는지에 초점을 맞춘다. 이러한 콘텐츠 전략을 옹호하는 사람은 아마 콘텐츠 전략가를 한두 명 고용했거나, 기존의 숙련된 UX 기반 디지털 콘텐츠 전문가를 승진시켜서 콘텐츠 제작에서 콘텐츠 기획 및 기타 전략적 기능을 하는 역할로 전환해 실무 수립을 시작했을 수도 있다.

혹은 UX 기능 측면에 콘텐츠 전략가를 추가하면 콘텐츠가 자산으로 생성되고 유지되어 비즈니스에 가치를 제공한다는 사실을 인식하고 있는 사람도 있다. 이 경우 우선 팀이나 실무를 구성하기로 결정되면 UX 또는 CXCustomer Experience(고객 경험) 리더, 관리자, 책임자가 콘텐츠 전략 팀의 인력을 배치하는 임무를 수행하게 되며 팀을 구성하는 사람들은 최종적으로 실무를 공식화한다.

위의 시나리오 중 어떤 것에 속하든, 다음 단계를 수행하여 기반을 다지고 실무를 구축할 비즈니스 사례를 마련해야 한다.

- **착공하기 전에 무엇을 짓고 싶은지 결정하라.** 이 책은 콘텐츠 전략으로 알려진 기능을 수용하기 위한 구조 수립 및 실무 구축에 관한 것이다. 팀과 실무 사이에 중복되는 부분이 있기도 하지만, 실제로는 한 명으로 구성된 팀으로 시작하여 콘텐츠 전략에 대한 수요가 증가함에 따라 팀을 확대할 수 있다. 사실 팀이 없으면 실무 구축이 불가능하다고 주장할 수도 있다.
- **비즈니스 이해관계자와 공유할 가치를 확인하라.** 이 단계에서는 고객에게 제공하는 기능 및 서비스의 확장 여부와 관계없이 해당 실무가 제공하는 가치를 전달하는 것이 포함된다. 또한 중소기업이나 대기업의 경우 비즈니스 목표 및 사용자 니즈를 충족하기 위해 콘텐츠를 더욱 잘 조정하여 전략적으로 사용하는 방법을 보여준다.
- **관련된 사례 연구를 찾아보거나 과거의 고객 또는 프로젝트에서 해당 사례 연구를 만들어라.** 이 단계에서는 콘텐츠가 유용하도록 보장하고 UX 팀이 만든 디지털 경험을 지원하기 위해, 지속 가능한 프로세스를 도입하여 콘텐츠 전략을 제공하는 데 집중하는 실무를 구축한다. 이 단계를 수행하여 내외부 고객에게 어떠한 변화를 가져다줄 수 있는지를 보여줄 수 있다.

따라서 필수적인 자산으로써 콘텐츠를 만들고, 큐레이팅하고, 관리할 콘텐츠 전략 실무 수립을 지지할 사람들이 조직에 있는지 여부와 관계없이 사전에 이 세 가지 단계에 시간을 투자하여 비즈니스 사례를 만들어 둔다면, 불안정한 기반 위에서 실무를 수행해야 하는 위험을 피하는 데 도움이 될 것이다.

글로벌 기업 실무자들의 조언

콘텐츠 전략을 위한 사례 만들기

바르넬리 바네르지 Barnali Banerji | 맥아피McAfee 디자인 및 리서치 관리자

바르넬리 바네르지가 맥아피의 UX 라이터로 구성된 팀을 이어받았을 때, 그녀는 혼합된 콘텐츠 전략을 도입할 필요가 있다는 것을 알았다. "다양한 운영 체제와 결정 방식을 통해 상호 연결되는 복잡한 애플리케이션과 프로덕트들이 있었기 때문에 콘텐츠 전략이 필수였습니다. 콘텐츠를 조직적인 방식으로 표현하는 방법, 콘텐츠를 다양하게 적용하는 방법, 용도를 변경하는 방법, 일관성을 확립할 방법을 전체적으로 파악할 수 있는 콘텐츠 전략가가 필요합니다."

콘텐츠 역할의 유형과 가치를 구별하기 위해, 바네르지는 자신의 팀에서 콘텐츠 디자이너의 역할을 더 잘 이해하고자 노력했다. "프로덕트 디자인과 겹치는 부분이 많았습니다. 그래서 질문하기 시작했습니다. 프로덕트 디자인은 어디서부터 어디까지인지, 콘텐츠 디자인은 어디서부터 어디까지인지, 어떻게 해야하는지에 대한 질문들을요."

"멘털 모델링과 주요 업무에 대해서 분석했고, 이 작업이 어떤 방법으로 프로덕트의 정보 구조를 반영하는지에 대해 연구했습니다." 콘텐츠 디자이너들은 프로덕트 및 서비스와 관련된 스토리텔링에 능숙했다. 그러나 바네르지의 팀은 콘텐츠 디자인과 콘텐츠 전략이라는 두 분야 모두에서 전문성이 필요했다.

바네르지는 이제 팀 내에 다양한 콘텐츠 분야를 가지고 있다. "콘텐츠 전략은 콘텐츠 디자인과는 매우 다릅니다. 전략을 고려할 때, 실제로 이 프로덕트를 제공하는 것을 어떻게 표현할 수 있는지, 또 어떻게 확장할 수 있는지에 대해 이야기하지 않습니까? 우리가 제대로

하고 있는지를 어떻게 측정할 수 있을까요?"

맥아피에서 콘텐츠 전략을 위한 비즈니스 사례를 만들어 입증하는 것은 바네르지에게 어려운 일이 아니었다. "프런트 엔드의 관점에서 볼 때, 매우 복잡한 애플리케이션이 있었고 여기에는 사용자에게 의미가 없는 기능이 너무 많았습니다. 바로 여기에서 콘텐츠 전략이 나타납니다."

바네르지의 팀에 합류한 최초의 콘텐츠 전략가는 정보 구조를 개선하는 데 도움을 주었다. 그들은 정보를 어떻게 구성하는지, 그리고 그 정보를 어떻게 드러내는지를 보여주었다. 두 번째로 합류한 콘텐츠 전략가는 반복 가능하고 확장 및 축소가 가능한 콘텐츠 관리 시스템을 구축하는 일을 도왔다. 바네르지는 팀에 세 번째 콘텐츠 전략가를 추가할 계획을 세우고 있다.

프로덕트 팀에는 콘텐츠 전략가가 포함되어 있었는데, 이는 조직의 더 넓은 차원에서 콘텐츠 관련 이니셔티브Initiative(목표를 달성하기 위한 주체적이고 구체적인 계획)를 추진할 수 있는 시간과 통제력이 필요했기 때문이었다. "콘텐츠 전략가가 최선의 작업을 수행하려면 비즈니스 맥락과 더불어 보다 넓은 프로덕트의 비전을 제대로 이해해야 합니다."

② 다기능 팀과 강력한 관계를 구축하기

콘텐츠를 만드는 것은 개인의 노력일 수도 있고 팀을 통해 이룰 수도 있지만, 그 콘텐츠를 화면 또는 그와 유사한 양식으로 가져오는 데 필요한 노력은 외부와 단절된 상태에서는 이루어지지 않는다. 콘텐츠가 UX의 일부가 되기 전에 거쳐야 할 많은 단계들이 있는데, 관련된 지식 체계를 가진 사람들이 기반을 다지기 전 실무를 수립하는 데 관여해야만 한다. 이러한 다기능적 체계는 다음을 포함한다.

- **시각 디자이너**Visual Designers
- **UX 디자이너**User Experience Designers
- **인간 중심 디자이너**Human-Centered Designers

- 유저 리서처User Researchers
- 인포메이션 아키텍트Information Architects
- 개발자Developers, 엔지니어Engineers
- 프로덕트 오너Product Owners, 프로덕트 매니저Product Managers
- 프로젝트 매니저Project Managers

특히 가장 자주 협력하는 사람들에게 콘텐츠 전략에 대해서 소개하고 이점을 명확하게 설명하는 것은 실무 수명을 정하는 데 있어 매우 중요한 단계이다. 초기 단계에서는 팀원들이 팀의 기능이나 규율, 콘텐츠 전략이 업무에 미치는 영향을 이해하는 데 집중해야 한다. 그리고 궁극적으로 콘텐츠에 대한 전략적 접근 방식이 결합된 모두의 노력이 만드는 가치를 개별적으로나 집단적으로 알 수 있도록 지원해야 한다.

프로세스 프레임워크Process Framework를 구성하는 작업을 시작할 때는 동료와 상의하는 것이 중요하다. 이 단계는 그들의 동의를 얻는 것뿐만 아니라, 실무를 진행하는 데 있어 감정을 공유할 수도 있기 때문에 중요하다. 2장 '조직적 협력 관계 구축'에서는 콘텐츠 전략 실무가 앞서 나열한 각 분야에 어떻게 도움이 되는지, 가치를 더할 수 있는 구체적인 방법은 무엇인지 자세히 살펴보려고 한다. 그리고 이어지는 3장 '프로세스 프레임워크'에서는 프로세스 프레임워크가 무엇이며 프로세스 프레임워크를 생성하는 방법에 대해 배워볼 것이다.

③ 프로세스 프레임워크 생성하기 및 도구 큐레이팅하기

모든 구조물은 안정성 및 수명을 보장하기 위해 규모와 관계없이 견고한 틀을 필요로 한다. 기반을 다지는 것부터 기둥과 보와 벽까지, 구조물을 구성하는 모든 요소는 사용되는 도구와 함께 구조물의 강도에 기여한다. 이는 구조물을 붕괴시킬 수 있는 힘을 견디게 한다.

콘텐츠 실무 역시 마찬가지다. 프로세스 프레임워크를 만드는 것은 실무 수행에 도움이 될 것이다. 단순한 건축 비유를 넘어 실무에 영향을 주는 모든 협업, 도구, 구성 요소를 고려하는 반복 가능한 프레임워크를 배우게 될 것이다. 구조물이 무너지지 않기 위해서 다양한 에이전시 고객들 또는 사내 프로젝트를 통해 프레임워크를 테스트하여 추가적인 기초 발판을 마련할 위치를 찾아야 한다.

다음은 블루프린트의 세 번째 구성 요소에서 매우 중요한 내용이다.

- 콘텐츠 전략 실무의 목표에 부합하기 위한 다기능 팀 동료들의 참여 및 협력
- 웹 사이트 또는 유사한 UX 개발에 있어 중요한 핸드오프Handoff(실무가 이관되는 지점)를 식별하기 위한 엔드 투 엔드 프로세스 프레임워크End-to-end Process Framework(모든 과정을 포함하는 전체적인 틀) 생성
- 에이전시나 조직에 가장 적합한 것을 찾는 데 도움을 주기 위해 프로젝트 또는 고객 수준에서 사용할 큐레이팅된 도구에 대한 평가

④ 늘어나는 수요를 충족하기 위한 규모 조정하기

에이전시나 조직의 콘텐츠 전략 실무를 수립하기 위한 비즈니스 사례를 성공적으로 만들었다면, 다음 단계는 수요에 맞게 실무의 규모를 조정하는 것이다. 규모를 조정하는 것은 기업이나 시장 상황 침체로 인해 인력을 감축하는 경우처럼 때로는 부정적인 의미를 가진다. 그러나 실무가 구축되는 조직의 규모나 고객 및 프로젝트의 수에 맞게 최적화된 구조를 만드는 것을 뜻하기도 한다.

눈앞에 당면한 프로젝트가 없더라도 더 멀리 생각하면서 현재 구축 중인 구조물의 향후 확장 가능성을 고려해야 한다. 이 블루프린트의 구성 요소들을 활용하려면 현재 프로젝트 계획을 넘어서서 생각해야 하고, 미래 확장에 대한 의도적인 계획이 과연 어떻게 지속적인 성장에 도움이 되는지를 고려해야 한다. 하지만 아직 실무에

대한 수요가 없다면 어떻게 할 수 있을까?

직접 만들면 된다. 프로젝트 수요가 생겼을 때 콘텐츠 실무를 어떻게 성장시킬 것인지를 보여주기 위해서 현재 눈앞에 있는 것을 사용하면 된다. 또 다른 접근 방법도 있다. 대부분의 콘텐츠 전략 프로젝트는 콘텐츠의 현재 상태에 대한 질적인 감사와 미래의 목표 상태에 초점을 맞춰 시작한다. 미래의 목표 상태는 일반적으로 프로덕트 요구 사항을 통해 알 수 있는데, 비즈니스 또는 브랜드가 변화하고 성장하면서 발생할 수 있는 콘텐츠의 격차를 메우기 위한 계획도 포함된다.

현재로서는 이러한 변화가 어떤 결과를 초래할지는 알 수 없지만, 비즈니스 목표는 지속적으로 변화할 것이라고 가정하는 편이 합리적이다. 따라서 현재 요구 사항을 충족하는 데 필요한 콘텐츠 구성 요소를 고려하고, 향후 성장과 변화를 지원하는 데 필요한 콘텐츠 구성 요소를 핵심 콘텐츠 전략으로 만들어야 한다. 또한 디지털 플랫폼에서 반복적으로 사용이 가능한 콘텐츠를 구성하는 방법을 고려하는 것도 필요하다.

그리고 핵심 콘텐츠 전략을 유지하는 데 필요한 인력, 프로세스, 도구뿐만 아니라 변화와 성장을 수용하는 데 필요한 것들을 고려해야 한다. 또한 콘텐츠와 관련된 결정을 내리는 데 필요한 작업 속도와 거버넌스Governance(핵심 콘텐츠와 관련된 의사결정과 책임을 문서화하는 것)를 고려해야 한다. 콘텐츠 전략의 방법을 통해 이러한 프로세스에 대해 이미 잘 알고 있을 가능성이 높으므로 실무의 규모를 조정하기 위해서도 유사한 접근 방식을 취할 수 있다.

콘텐츠를 보다 전략적으로 운영하기 위해서 실무 규모를 조정하고자 하는 경우라면 다음과 같은 접근 방식을 채택하는 것을 고려해 보자.

- 콘텐츠에 대해 보다 전략적인 접근 방식을 취하는 것의 이점을 보여줄 수 있는 현재 고객이나 프로젝트가 있는가? 만약 있다면 더 많은 작업을 수행하기 위해 실무를 확장하는 방법을 그들에게 보여주면서 일정에 영향을 미치지 않는 몇 가지

성공 사례를 확인하여 이러한 프로젝트를 시범 사례로 전환하는 것이 가능하다.

- 샘플 인벤토리 및 감사의 관점에서 콘텐츠를 사전에 검토하고 미래의 목표에 부합하는지 콘텐츠를 판단한다.

- 유사 브랜드 간 비교 분석을 통해 향후에 콘텐츠로 전환할 수 있는 콘텐츠의 잠재적인 차별점을 인지한다.

- 함께 일할 수 있는 즉각적인 고객 기회가 없는 경우라면 잠재 고객이 무엇을 하고 있는지 알아보자. 콘텐츠 전략을 부가 가치로 포지셔닝하고 더 많은 작업을 수용하기 위해 어떻게 성장할 수 있는지 보여줄 기회가 있는지 확인하자.

- 에이전시에서 리브랜딩 프로젝트에 대한 서비스를 제안하는 경우라면 잠재 고객이 리브랜딩을 계획하는 이유와 방법을 이해할 수 있도록 크리에이티브 브리프Creative Brief(주로 크리에이티브 파트너들과 작업할 때 관련 상황과 결과물, 예산, 일정 등을 전달하는 양식)를 검토하라. 그런 다음 웹 사이트 또는 애플리케이션의 콘텐츠에 대한 신속한 감사를 수행해 현재 제안된 콘텐츠가 리브랜딩 이후 목표와 부합하는지를 확인하라.

- 스타일, 음성, 분위기 등의 가이드라인이 필요한 고객이 있는지 확인하라.

혼자서 콘텐츠를 담당하고 있는 경우 또는 소규모 콘텐츠 팀의 구성원으로 활동하면서 콘텐츠 실무 수립을 위한 기반을 구축하고자 하는 경우, 이전 접근 방식에 약간의 관점만 달리한다면 효과적일 수 있다.

- **첫째, 내부자의 관점에서 내용을 들여다볼 것이다.** 이는 프로덕트 백로그 Product Backlog(프로덕트에서 요구되는 기능의 우선순위 목록)및 로드맵 같은 항목에 접근하여 예정된 이니셔티브를 파악할 수 있다는 것을 의미한다. 이러한 이니셔티브를 지원하는 데 필요한 콘텐츠 유형을 사전에 살펴보고, 검토한 내용을 콘텐츠의 가치를 입증할 전략적인 기회로 전환할 수 있다.

- **둘째, 조직의 콘텐츠에 익숙하다는 것은 편집 프로세스에 대해 어느 정도 알고 있다는 것을 의미한다.** 콘텐츠 제작자, 편집자, SMESubject Matter Expert(주제 전문가) 및 해당 프로세스와 관련된 다른 사람들과 편안한 분위기의 면담을 수행한다면 실무 구조 안에서 편집 프로세스를 개선할 기회를 파악할 수 있고, 프로세스 간 격차나 누락된 단계를 확인할 수 있다.
- **셋째, 많은 조직에는 콘텐츠 제작자, 편집자, 주제 전문가 및 다른 사람들이 누구인지에 대한 정보를 얻을 수 있는 유일한 공급자가 없다.** 결과적으로 웹 사이트를 리디자인하거나 새로운 콘텐츠 관리 플랫폼으로 옮겨야 할 때가 되면 콘텐츠 팀은 누가 무엇을 소유하고 있는지를 파악해야 한다. 이러한 상황은 콘텐츠 매트릭스를 생성하여 시간과 자원을 아끼는 방법이라는 것을 보여주고, 실무가 어떻게 다른 수요를 충족시킬 수 있는지를 보여주는 좋은 기회를 제공한다.

⑤ 의미 있는 성과 측정 기준 수립하기

콘텐츠 전략의 성과를 측정하는 방법에는 여러 가지가 있다. KPIKey Performance Indicators(핵심성과지표), OKRObjectives and Key Results(목표 및 핵심결과지표) 또는 다른 측정 기준을 사용하든 관계없이 콘텐츠 효율성을 측정하기 위한 방법은 많다. 고객, 콘텐츠 담당자, 프로덕트 오너, 프로덕트 매니저, 비즈니스 이해관계자들과 협력하면 UX 팀의 전반적인 성장과 더불어 콘텐츠 전략의 성과에 대해 의미 있는 측정을 하는 데 도움이 된다.

콘텐츠 전략 실무에서 성과를 측정하려면 다음을 수행해야 한다.

- **협력하라.** 여러 분야의 동료들과 협력해야 한다. 또한 협업 접근 방식을 고객에게 보여 주어야 하며 고객에게 성공적인 결과를 전달해야 하는 팀의 담당자와 해

당 결과를 공유하라. 또는 이러한 협업 방식을 확립하기 위해서 팀에서 워크숍을 개최하는 것을 제안하라.

- **문서화하라.** 비즈니스 목표, 사용자 니즈, 기술이 계속 변화함에 따라 측정 항목과 측정 방식도 바뀐다는 점을 이해하고 이를 문서화해야 한다. 실제 문서나 문서 보관소를 만들어 실무가 진행될 때마다 성과를 추적하여 업데이트하라.
- **공유하라.** 팀원이나 고객에게 완성된 결과물을 공유할 뿐만 아니라 찾기 어려운 곳에 보관되어 있던 것들도 공유되어야 한다. 이는 다른 부서 파트너들의 참여와 지원을 이끌어 내고, 사내 팀원들에 대한 리더십을 보장하기 위해서이다.

궁극적으로, 콘텐츠 전략 실무의 성과를 측정하는 단 하나의 최선의 척도는 없다. 하지만 실무의 성과를 측정하기 위한 척도를 선택할 때 주로 다음과 같은 몇 가지 요인에 따라 달라질 수 있다.

- **추가적인 고객의 니즈:** 실무 수립을 성과의 척도로 간주할 수 있지만 실무가 수립되었다고 모든 것이 끝나는 것이 아니다. 실무가 시작되고 운영된 이후부터는 프로젝트나 고객 작업의 빈도 및 강도가 더해지기 시작할 것이다. 즉 추가적인 고객의 니즈와 더 높은 프로젝트의 목표를 충족함으로써 실무의 성과를 측정할 수 있다.
- **수량화할 수 있는 비즈니스 목표:** 이는 "성공적으로 콘텐츠 전략 서비스를 제공한 고객이 몇 명인가?" 내지는 "가장 중요한 다섯 가지의 콘텐츠 전략 중 몇 개의 프로젝트가 성공적으로 완료되었는가?" 등의 질문에 대해 수량화가 가능한 답으로 실무의 성과를 측정할 수 있다. 하지만 동시에 고객이나 프로젝트의 수가 증가하는 것은 성과를 측정하고 추적할 때 고려해야 할 많은 요인 중 하나에 불과하다는 사실을 명심해야 한다. 그리고 프로젝트가 제시간에 완료되었는지, 고객 계약이나 프로덕트의 전체적인 퀄리티가 만족스러운지도 확인할 수 있다.

- **실무에서 처리하는 고객 또는 프로젝트의 기본적인 수:** 콘텐츠 전략을 고객이나 프로젝트에 적용한 경우, 실무에서 처리하는 기본적인 고객 또는 프로젝트의 수는 향후 가고자 하는 실무의 방향을 계획할 때 현재의 위치를 보여줄 것이다.

점유 중인 상태에서 리노베이션하기

기존 에이전시나 조직에서 콘텐츠 실무를 하고 있는 경우 콘텐츠 프로젝트를 수행하면서 동시에 콘텐츠 전략 실무를 구축하고 있을 가능성이 높다. 이는 추가적인 인테리어 공사가 진행되는 동안에도 계속 그 집에 살고 있는 것처럼 들릴 수 있다. 하지만 피할 수는 없다. 이는 탄력성을 구축하는 방법이며, 이 과정에서 만들어지는 힘과 끈기야말로 결국 성공의 열쇠다.

이 책은 콘텐츠 전략이 실현될 수 있는 구조, 즉 작업 중단을 최소화할 수 있는 견고한 구조를 만드는 방법을 안내한다. 이는 조직의 규모에 적절한 실무를 수행할 수 있도록 전체적인 구조를 보강하는 최선의 방법이다.

구조를 확립하거나 실무를 수립하는 것은 초기 단계에서 승인된다. 혼자서 진행하던 실무에서 다수가 함께 진행하는 실무로 규모를 확장하기로 결정했다면, 이해관계자들과 팀원들의 동의를 얻어 실무를 성장시킴으로써 경영진의 지원을 보다 쉽게 얻을 수 있을 것이다.

콘텐츠 팀의 성장을 위한 6가지 팁

앤디 웰플Andy Welfle | 어도비Adobe 콘텐츠 디자인 책임자

앤디 웰플은 가이드의 도움 없이 혼자서 어도비의 팀을 운영하다가 열 명으로 구성된 팀으로 성장시키는 데 성공했다. 그는 UX 콘텐츠 전략 실무를 기초부터 구축하는 방법을 알고 있는 인물이다. 웰플은 "UX 콘텐츠 전략 실무, 특히 조직 구조에 대해 설명해 주는 책이 있었다면 훨씬 더 빨리 성장할 수 있었을 겁니다."라고 말했다.

웰플은 어도비에 합류하기 전까지 조직 구조에 대해서 크게 생각해 본 적이 없었다. "저는 변동 가능성과 모호성을 대비하지 않았습니다." 하지만 그는 곧 조직 구조가 중요하다는 사실을 깨달았다. 그는 "자신이 누구에게 보고하고, 또 자신의 상사가 누구에게 보고하는지가 성공과 실패를 결정합니다. 상황을 파악할 수 있도록 도와주고, 특정 사항에 대해 거절할 수 있는 권한을 저에게 부여해준 상사가 있어서 정말 운이 좋았습니다."라고 말했다.

웰플은 200여 명의 디자이너와 30여 명의 연구원 중 유일무이한 콘텐츠 전략가였다. 그렇기 때문에 거절해야 할 때를 알고, 또 거절해도 괜찮다는 것을 아는 일은 특히 중요했다. 모든 사람에게 모든 것이 되려고 애쓰는 일은 지속할 수 없었다.

웰플의 상사는 내부에 존재할 프로덕트 팀을 찾자는 제안을 했고, 웰플이 모든 사람을 돕기를 원하지 않는다고 말했다. "하지만 저는 도움이 필요한 모두로부터 메시지를 받게 될 것입니다. 그것을 거절하고 싶지 않았어요. 제 가치를 널리 보여주고 싶었습니다."

프로덕트의 이해관계자들에게 웰플의 업무와 그의 작업이 어떤 가치가 있는지 설명하는 일은 많은 노력을 필요로 했다. "저는 시행착오를 거치면서 그들에게 콘텐츠 전략가로서 저의 일을 이해시키고 가치를 보여주기 위해 노력했습니다. 그리고 그 노력 중 일부는 '이러한 콘텐츠 문제를 해결하는 데 도움을 드리겠습니다.'라고 직접 설명하는 일이었어요. 그리고 프레젠테이션 슬라이드를 보여주는 것이었죠."

팀이 성장하면서 경계를 설정하고 이 경계 내에서 어떤 종류의 서비스가 제공되는지를 정의해야 할 필요성이 명확해졌다. "저희는 문제를 해결하는 것뿐만 아니라 프로덕트 전반의 동향과 문제점을 파악하며 관계를 구축하는 것이 필요했습니다. 만약 접근하기 쉽다는 인식을 준다면, 사람들은 훨씬 친근하게 기꺼이 그런 부분들을 이야기할 것입니다. 그건 정말 잘된 일이었어요."

웰플은 콘퍼런스 및 미팅에서 본인의 실무 구축 경험에 대해 이야기하며 콘텐츠 팀을 성장시키는 6가지 팁을 소개했다.

콘텐츠 팀의 성장을 위한 6가지 팁

- 모호성에 익숙해져라.
- 프로세스를 배우고 가치를 공유하라.
- 끊임없이 실무에 대해 이야기하라.
- 협력 관계를 구축하고 공동체를 형성하라.
- 접근이 쉽다는 인식을 주고 동시에 명확한 경계를 설정하라.
- 조직 구조에 주의를 기울여라.

시행착오와 성장

거의 20년 동안 디지털 콘텐츠를 다루고 수많은 콘텐츠 전략가들과 이야기를 나누면서 느꼈던 놀라운 사실이 있다. 바로 개인 웹 카피라이터부터 성장하여 콘텐츠 전략 팀의 구성원으로 발전한 콘텐츠 전략가들의 커리어 어느 시점을 들여다봐도 나는 유일한 '콘텐츠 담당자'였다는 사실이다.

그럼에도 불구하고 이 책을 쓰면서 나의 경험이 오히려 극단적인 케이스에 가까운 것은 아닐까라는 생각이 들었다. 내 말은, 콘텐츠 전략을 구축하는 데 투자할 리소스가 부족한 중소기업들과 에이전시를 이해할 수 있었다는 뜻이다. 콘텐츠 실무를 구축하는 것이 어떻게 고객의 콘텐츠 제작과 큐레이션 등을 개선하는 동시에 조직의 프로덕트 UX를 향상할 수 있는지 이해하지 못하는 사람들이 있었다. 또한 콘텐츠의 중요성과 방법론을 다룬 책들이 조금씩 출간되고 있었지만, 정작 구조로서의 콘텐츠 전략을 수립할 때는 관련 자료가 많지 않았다.

예를 들어, 내가 최초로 실무를 시작했던 에이전시에서 콘텐츠 전략 실무를 UX 팀원에게 설명하는 방법을 어렵게 배워야 했다. 그저 잘하고 싶은 마음이 앞서 무작정 발을 디뎠고, 수많은 시행착오를 겪으면서 콘텐츠 전략을 어떻게 도입할 것인지, 더 나아가 업무를 수행하는 팀원들에게 함께 구축할 콘텐츠 전략 실무를 어떻게 설명할 것인지를 파악해야 했다. 또한 콘텐츠 전략 실무의 가치를 명확하게 전달하는 방법을 배워야 했다. 디자이너부터 개발자, 프로젝트 매니저, 프로덕트 오너에 이르기까지 모든 관계자들이 강력한 파트너십을 구축하여 UX의 필수적인 부분으로 성장하고 발전하도록 도와야 했다.

그러나 내가 대부분의 동료들을 참여시켰다고 해도 실무를 구축하는 일은 갈 길이 멀었다. 승인된 계획을 가진 건축가처럼, 실무 구축 과정을 완성하기 위해 어떤 재료와 도구가 필요한지 알아내야 했다. 나는 확고한 기반이 될 프레임워크와 도구, 그리고 에이전시 및 고객에게 가치를 보여 줄 지표로 활용할 수 있는 성과 측정 기준이 필요했다. 나는 유사한 목표를 가진 더 큰 조직으로 이동한 후에야 무엇이 효과적인지 아닌지를 문서화하고, 규모에 맞게 확장하는 방법을 파악하기 시작했다. 내게도 이 책은 몇 년 전에 접할 수 있었다면 좋았을 블루프린트이다.

잊지 말아야 할 원칙들

콘텐츠 전략 실무를 수립하는 과정에서 어느 단계에 있든 다음의 원칙을 기억하는 것이 도움이 될 것이다.

- 항상 고객, 이해관계자, 팀원들에게 콘텐츠 전략이 실무에 가져오는 가치에 대해 교육 및 재교육하라는 요청을 받게 될 것이다.
- 프로젝트 범위와 실무의 잠재적인 영향력이 변화할 때 늘 성과 측정을 염두에 두어야 한다.
- 혼자가 아니라는 것을 알고 있다면 안심될 것이다. 수년간의 풍부한 경험과 많은 이야기를 공유할 수 있는 숙련된 콘텐츠 전략가들의 커뮤니티가 있기 때문이다.

체크 리스트

지금까지의 내용들을 바탕으로 콘텐츠 전략 구축과 기술 확장을 위한 준비를 할 수 있다. 이후 챕터들을 통해 콘텐츠 전략이 비즈니스의 중심이 되도록 하나씩 준비해 나가보자.

☑ 콘텐츠 전략 블루프린트에는 다섯 가지의 구성 요소가 존재한다. 이 구성 요소들은 모두 외부에서 오는 장력과 압력 같은 스트레스 요인을 견딜 수 있는 실무를 구축하는 데 필수적이다. 구성 요소의 순서도 중요하지만, 여기에서 가장 중요한 것은 순서를 변경해야 할 때도 구성 요소를 건너뛰면 안 된다는 사실이다.

☑ 콘텐츠 실무가 무너지지 않기 위해서는 콘텐츠 전략 작업은 계속해서 진행되어야 하고 협력 관계를 구축해야 한다. 새로 지어진 건축물이 무너지지 않기 위해 유지 보수가 필요하듯이 콘텐츠 전략 실무도 실패를 막기 위해 주의가 필요할 것이다. 여러 부서의 팀원들, 프로덕트 오너, 프로덕트 매니저, 이해관계자들과 협력하고 조정하는 것은 실무의 구조적 실패에 대한 탄력성과 저항력을 구축하는 데 도움이 될 것이다.

☑ 잊지 말아야 할 원칙들을 기억해야 한다. 항상 교육의 필요성과 성과 측정을 염두에 두며, 혼자가 아니라는 것을 기억하라. 실무의 구조를 유지하기 위해 아무리 열심히 노력하더라도 어려운 상황은 오기 때문에 항상 시험대 위에 오르게 될 것이다.

콘텐츠 전략가의 열린 커뮤니티의 일원으로서 모두가 여러분의 편이다. 블루프린트를 들고 다음에는 무엇을 해야 할지 고민하는 여러분도 마찬가지이다. 이제 모든 것을 얻게 되었다. 실무를 위한 단단한 기반을 마련하는 데 필요한 도구와 전략에 대해 알아볼 시간이다.

CHAPTER 2
조직적
협력 관계 구축

"하는 일이 정확히 무엇인가?" 콘텐츠 커리어를 쌓는 과정에서 이 질문을 몇 번이고 받을 수 있다. 대부분은 좋은 뜻으로 호기심이 앞서 묻는 사람들이거나, 콘텐츠 전략과 콘텐츠 마케팅 전략이 어떻게 다른지에 대해 궁금한 사람들이다. 혹은 콘텐츠 전략이 무엇인지, 그것이 실무에 어떤 영향을 어떻게 미치는지에 대해 질문하는 것이다.

여기서 아마도 "콘텐츠 관련 다른 담당자가 이미 있다."라는 의견을 듣게 될 수도 있다. 또 다른 경우 "우리는 필요한 시점에 콘텐츠를 얻지 못하고 있고, 콘텐츠 전략 수립을 위한 추가적인 작업은 속도를 더 늦출 뿐이다."라는 말처럼 어떤 사람들은 콘텐츠 전략을 수행하는 것이 프로덕트 개발 과정에 불필요한 지연을 발생시킨다고 느끼기도 한다.

하지만 이런 질문들 때문에 낙담할 필요는 없다. 그들을 포용하고 격려해 주면 된다. 왜냐하면 질문자의 의도가 어떻든 간에, 이러한 질문을 한다는 것은 콘텐츠 전략을 하나의 독자적인 분야로 여겨 자신만의 강력한 의견을 가지고 있거나 콘텐츠 전략 실무에 관심이 많다는 뜻이기 때문이다. 이 질문에 대한 답변을 하면서 얻는 피드백은 협력 관계 구축이라는 궁극적인 목표에 매우 유용할 것이다.

콘텐츠 전략 실무의 범위 설정

콘텐츠 전략가로서 커리어의 어느 시점이 되면 콘텐츠 전략이 무엇인지, 콘텐츠 전략가가 무슨 일을 하는지, 그리고 그것이 프로덕트 개발 과정에 있어 왜 중요한 일인지를 설명하는 것이 유일한 일인 것처럼 느껴질 수 있다. 실제로 많은 콘텐츠 전략 실무에서 이러한 상황들이 발생하곤 한다. 조직에 모든 수준에서 콘텐츠 전략의 이점을 명확하게 설명할 수 있는 능력이 필요하다.

만약 에이전시나 조직 내에서 콘텐츠 전략의 유일한 담당자라면, 콘텐츠 전략 실무의 비전과 사명을 명확히 하고 실무의 구성을 명료하게 결정지어야 하는 책임이 있다. 또한 조직적으로 콘텐츠 전략 실무가 어디에 적합하고 어떤 영향을 미치는지 혹은 콘텐츠 전략이 개발자, 프로덕트 매니저, UX 디자이너의 업무와 무슨 상관이 있는지 등의 질문을 필연적으로 받게 될 것이다.

콘텐츠 전략이 실무에 가져오는 가치에 대해 다른 사람들에게 교육하는 것이 필요하다는 앞 장의 첫 번째 원칙을 기억하는 것이 좋다. 콘텐츠 전략이 무엇이며 어떤 역할을 하는지 설명하라는 요청을 더 많이 받을수록, 무엇이 콘텐츠 전략이 아닌지를 먼저 설명하고 그다음에 콘텐츠 전략이 무엇인지를 설명하는 것이 더 쉽다는 사실을 알게 될 것이다. 즉 콘텐츠 전략을 구축함으로써 '실무가 수행되는 범위를 만드는' 것이다.

그래서 사람들이 실무의 범위를 이해하도록 돕는 가장 좋은 방법은 우선 콘텐츠 전략가로서 실무가 무엇을 하지 않을 것이며 무엇을 책임지지 않을 것인가를 정하는 일이다. 이는 무엇을 하는지 정하는 것만큼이나 중요하다. 비록 콘텐츠 전략가로서 해당 주제에 대해서는 전문가이지만, 경계를 포괄적으로 설정해야 최선의 이익을 얻을 수 있다. 즉 가능한 많은 다기능 팀의 동료들을 포함시켜야 한다.

경계를 설정할 때 다음 사항을 기억하라. 벽이나 문 같은 공간 내의 물리적인 경계의 목적은 공간과 그 공간 안에서 발생하는 일을 정의하는 것에 더 가까운 것이지 그 공간에 대한 접근을 차단하는 것이 목적이 아니다. 현실에서의 예를 들자면, 노트북으로 가장 좋아하는 프로그램을 시청하면서 침실에서 식사를 즐기는 것을 선택할 수도 있지만 그것은 공간이 의도한 용도나 설계 목적이 아니라는 점을 고려해야 한다. 즉 침실은 일반적으로 휴식을 위한 공간이고 식사는 보통 주방이나 식탁에서 이루어진다는 뜻이다.

이를 염두에 두고서 구축하고 있는 콘텐츠 전략 실무의 해야 할 일과 하지 말아야 할 일을 정의할 때, 다른 부서의 팀원 및 잠재적 파트너를 포함하여 목적과 의도가 겹치는 모든 사람이 알 수 있도록 명확한 정의를 내려야 한다.

실무의 경계를 설정할 때 필요한 협력 관계

이론상으로는 실무를 통해 해야 할 일과 하지 말아야 할 일에 대한 목록을 정리하는 것은 그리 어렵지 않아 보일 수 있다. 하지만 자세히 들여다보면 다른 사람들이나 팀의 협력이 필요한 영역이 있다는 사실을 알 수 있다. 콘텐츠 전략가가 콘텐츠 전략을 만든 후 카피도 작성하여 카피라이터와 동일한 실무를 수행하는 경우, 카피라이터는 당혹스러울 수 있다. 또는 URL 및 리디렉션Redirection(프로그램에서 입력 장치나 출력 장치로 지정된 것을 변경하는 작업) 전략이 콘텐츠 실무에 해당하는지를 궁금해하는 개발자와 함께 일할 수도 있다. 이러한 부분들은 다른 사람들과 협력하여 실무의 경계를 설정하는 일이 왜 중요한지를 보여준다.

또한 '모든 경우에 딱 맞는 사이즈'가 콘텐츠 전략 수립에는 적용되지 않는다는 것도 알게 될 것이다. 실무에서 처리하는 일도 마찬가지다. 예를 들어, 주로 고객 프로젝트에 초점을 맞춘 에이전시 기반 실무의 책임은 다른 기업 실무의 책임과는 다를 것이다. 또한 의료 기관 내에서 확립된 실무에 대한 범위는 프로덕트 기업 내에서 확립된 실무에 대한 범위와는 다를 것이다. 이는 "콘텐츠 전략 실무는 무엇을 책임져야 하는가?"라는 질문에 대한 답을 간접적으로 제공한다.

협력 관계의 중요성

어떤 구조물을 만드는 데 사용되는 각각의 요소들은 구성 및 기능에 따라 구조물이 서 있는 데 기여한다. 조직 내에서 다기능 팀원, 사업 부문 파트너, 비전을 공유하는 다른 분야의 협력자들과 함께 견고한 콘텐츠 전략 실무를 만드는 목적과 중요성에 대해 이해를 공유하는 경우, 이것은 건축물에서 구조를 강화하고 유지하기 위해 작동되는 구성 요소와 유사한 방식으로 이루어진다. 단, 건축물의 구성 요소와는 달리 실무에서는 서로 협력할 수 있으며 궁극적으로는 모두 콘텐츠 전략 실무를 유지하는 방법에 동의하게 된다.

이 길은 처음에는 외로울 것이다. 특히 고객이나 조직의 전략적 자산으로서 콘텐츠에 접근하려는 유일한 담당자인 경우에는 콘텐츠의 생성, 유지 관리, 업데이트 및 더 이상 관련이 없는 콘텐츠의 보관이나 제거 등과 매우 밀접하게 연관되어 있다. 때문에 전략적 실무가 해당 에이전시나 조직에 가져올 수 있는 잠재력을 깨울 열쇠를 쥐고 있는 것이다. 쉽지 않은 일이지만 적절한 도구와 약간의 노력만 있다면 할 수 있다.

아니면 조직 내에서 자신의 직함에 콘텐츠라는 단어가 들어 있지 않거나, 콘텐츠 제작이나 큐레이션 작업에 직접적인 책임이 없는 사람들 같은 조력자를 찾는 것은 어떤가? 아니면 콘텐츠 전략 실무의 수립이 프로세스의 개선부터 수익에 이르기까지 모든 부분에 긍정적인 영향을 미칠 수 있는지 판단할 수 있는 사람들은 어떤가? 이런 사람들이 아예 존재하지 않는다고 생각할지도 모르겠다. 하지만 이들은 분명히 존재한다. 아마 그들은 콘텐츠 관련 질문 자체를 받은 적이 없어서 콘텐츠에 대한 생각을 어떻게 표현해야 하는지 모를 수도 있다. 아니면 주제를 어떻게 꺼내야 하는지, 콘텐츠에 관해 누구와 이야기를 나누어야 하는지 모를 수도 있다.

만약 콘텐츠에 대해 정확히 설명하지 못하는 사람이 있다고 가정해 보자. 그들은 콘텐츠에 대해 누구에게 이야기해야 하는지 확신이 서지 않을 수도 있다. 콘텐츠 개념을 비즈니스 자산으로 인식하는 것의 중요성을 드러낼 만큼의 호기심을 느끼지 못했을 수도 있고, 콘텐츠 전략 실무를 수립하는 아이디어에 대해 고민을 해본 적이 없었을지도 모른다.

앞의 시나리오는 모두 구조물의 핵심 구성 요소가 바로 '콘텐츠 전략가'임을 말하고 있다. 콘텐츠 전략가는 콘텐츠가 비즈니스 또는 브랜드의 안팎으로 거의 모든 측면에 영향을 미친다는 사실을 이미 알고 있다. 또한, 콘텐츠 전달의 일관성이 중요하며 전체적인 관점으로 파악해야 모든 콘텐츠 접점에서 일관성이 보장된다는 사실도 알고 있다. 즉 콘텐츠 전략가는 콘텐츠 전략 실무 구축에 이해관계를 가진 모든 이들이 협력하고 합의를 도출하여 성공의 혜택을 누릴 수 있게 하는 가장 좋은 위치에 있다.

따라서, 콘텐츠 전략 실무의 중요성에 대해 공유된 이해를 확립해야 한다는 생각이 어렵게 느껴진다면 조력자를 물색해야 한다.

전략적 파트너십

젠 슈미히 Jen Schmich | 스포티파이Spotify 선임 매니저

젠 슈미히는 인튜이트Intuit에서 프로덕트 디자인 부서에 최초의 콘텐츠 전략 팀을 만들었다. 가장 먼저 라이팅만으로는 해결할 수 없는 문제들을 정의하는 것부터 시작했고, 후에 이해관계자들과 다른 부서의 팀원들을 대화에 포함했다.

프로세스 후반에 그녀는 라이팅과 콘텐츠 전략의 차이를 보여주기 위해 결과물을 공유하기 시작했다(표 2.1 참조). 그녀는 라이터로 시작한 콘텐츠 전략가로서, 깊이 있는 지식을 바탕으로 두 분야 모두에 관해 이야기할 수 있었으며 다음과 같이 말했다. "다양한 결과물의 예를 보여드리겠습니다. 여기 콘텐츠 전략이 있습니다. 여기에 콘텐츠 모델도 있고요. 라이터들이 만들어 내지 못했던 것들이고, 기존에 아무도 본 적이 없는 것들입니다."

기업의 다른 부서 파트너들이 각자의 프로젝트에 콘텐츠 전략가들을 영입하기 위해 경쟁을 시작하면서 그녀의 팀의 성공은 분명해졌다. "일단 그들이 우리의 행동을 이해하고 우리의 기술을 높이 평가하기 시작하니까 사람들이 '우리 팀에도 그런 능력이 있어야 해.'라고 말하기 시작했어요." 콘텐츠 전략 팀은 처음에는 프로덕트 디자인에만 집중했지만, 시간이 지남에 따라 다른 팀과 사업 부문을 지원하는 데까지 그 영역을 확장했다.

슈미히의 경험에 따르면 데이터 아키텍처는 언어를 알고 있는 사람이 아니다. 인튜이트의 데이터 아키텍처는 그 사실을 인지했고, 그들은 기술을 시맨틱 웹Semantic Web(컴퓨터가 데이터의 의미와 관계를 이해할 수 있도록 설계된 웹)으로 바꾸는 과정에 도움이 될 콘텐츠 전략을 요청했다. 시맨틱 언어란 무엇인가? 누가 언어를 알고 있는가? 콘텐츠 전략은 데이터 아키텍처가 라벨링과 같이, 고객들이 사물을 어떻게 정의하는지를 이해하는 데 도움을 주었다. 예를 들어, 고객들은 이러한 것을 뭐라고 부르는 걸까? 이러한 용어가 고객에게는 어떤 의미가 있을까? 등과 관련된 내용이다. 이들은 전략적 파트너십을 맺고 완전히 다

른 관점에서 사물을 바라볼 수 있었다.

콘텐츠 디자인	콘텐츠 전략
디자인 프로세스 진행	콘텐츠 가치 극대화를 위한 콘텐츠 전략 수립
콘텐츠 구현 강조	콘텐츠의 전체 라이프사이클에 걸친 계획 강조
콘텐츠 사례 중심	콘텐츠 시스템 중심
사용자에게 직접적으로 보여지는 화면상의 결과물	사용자가 간접적으로 느낄 수 있는 시스템
사용자를 주요 콘텐츠 소비자로 간주	팀 내외부, 사용자 등을 모두 콘텐츠 소비자로 간주
라이팅과 디자인에 능숙한 기술	콘텐츠와 관련된 폭넓은 지식

표 2.1 다기능 팀 사이의 협력을 돕기 위해 슈미히가 제시한 콘텐츠 디자인과 콘텐츠 전략의 차이

콘텐츠 전략 실무 구축을 함께 할 동료들을 찾아라. 동료들은 실무를 구축할 수 있는 비즈니스 사례를 만드는 것을 열심히 돕고자 한다. 디지털 정보 공간에서 사용자가 원하는 목적을 달성하는 데 도움이 되는 라벨링 같은 것에 대한 전략적 접근 방식을 취함으로써 UX 팀을 보완할 수 있는 콘텐츠 전략가를 찾아라. 콘텐츠의 현재 상태를 평가하고 향후 목표를 달성하기 위해 무엇이 필요한지 아는 사람을 찾아라. 찾아보기 시작하면 조력자들은 줄곧 그 자리에 있었다는 사실을 깨닫게 될 것이다. 마찬가지로 그들도 콘텐츠 전략가가 모든 부분에 대한 전체적인 접근법을 가지고 콘텐츠의 중요성을 비롯해 콘텐츠가 고객, 사용자 및 조직에 제공하는 가치에 초점이 맞춰진 실무를 구축하기를 기다리고 있었다는 사실을 깨닫게 될 것이다.

협력 관계 구축

콘텐츠 전략 블루프린트의 두 번째 구성 요소는 다기능 팀과 강력하고 원활한 협력 관계를 구축하는 것이다.

이 프로세스는 다음 단계를 포함한다.

- 팀원들의 역할 및 기능을 이해하기
- 팀원들에게 콘텐츠 전략에 대해 알고 있는 것을 질문하기
- 팀원들이 가진 콘텐츠 전략의 정의와 이해가 자신의 것과 다른지를 확인하고 그 이해의 격차를 해소할 방법 찾기
- 콘텐츠 전략 실무가 구조화되는 방식에 맞춰 조정할 수 있도록 필요한 만큼의 정보를 제공하기
- 콘텐츠 전략이 다른 분야에 어떻게 도움이 될 수 있는지를 공유하기
- 에이전시, 조직 또는 기업에서 콘텐츠 전략 실무를 수행할 위치를 결정하기

이러한 단계는 모두 콘텐츠 전략 실무 기반을 지원하고 구조를 유지하는 데 중요한 부분이다.

첫 번째 부분은 팀원들이 제시한 내용과 콘텐츠 전략에 대한 이해다. 이미 콘텐츠 작업을 하고 있다면 자연스럽게 이해할 수 있을 것이다. 팀원들의 역할과 기능에 대한 정확한 이해와 결합된 리서치, 설문 조사, 인터뷰를 통해 팀원들과 구조적인 정렬을 확립할 수 있다.

두 번째 부분은 콘텐츠 전략이 다른 분야를 어떻게 보완하는지 공유할 수 있어야 한다. 이 부분은 조금 부담스러울 수 있다. 대화를 시작하는 한 가지 방법은 팀원들에게 콘텐츠와 관련이 있다고 생각하는 문제점을 이야기하도록 요청한 다음, 팀원들이 공유하는 내용에 적극적으로 귀를 기울이는 것이다. 그들이 공유하는 문제점들 중 일부는 궁극적으로 콘텐츠 전략 실무의 부재로 인한 것이 아닐 수도 있다. 그러나 다음과 같은 몇 가지 사항들을 고려하면 좋다.

- 대부분의 사람은 최선을 다하는 상황에서 느끼는 스트레스나 좌절감을 주는 것

들에 대해 누군가가 듣고 이해해 주기를 원한다.

- 시간을 내서 팀원들의 말을 경청하고 공감하는 것, 즉 의견이나 해결책을 제시하는 것이 아니라 적극적으로 귀를 기울이는 것이야말로 신뢰를 쌓는 데 큰 도움이 된다.
- 실제로 이러한 대화에서 수집한 문제점의 목록들은 콘텐츠 전략 실무의 이점을 공유하는 것으로 대화의 주제를 전환할 때 유용하다. 또한 이 목록을 사용한다면 실무의 경계를 설정하는 데 도움이 될 것이다.

이러한 대화를 하면서 얻게 되는 또 다른 유용한 점이 있다면 사람들은 단순히 서로 대화만 나누지 않기 때문에 해결해야 할 실무적 책임이 아닌 일부 불만 사항에 대한 잠재적인 해결책을 찾을 수 있다는 것이다. 콘텐츠에서 더 나아가 조직을 전체적으로 바라봄으로써 향후 건전한 협업을 지원할 수 있다.

콘텐츠 전략 블루프린트에는 조직적 협력 관계 구축을 모색할 때 포함할 수 있는 분야 또는 역할의 목록이 포함되어 있다. 이 모든 사람과 이들이 진행하는 작업들은 콘텐츠 전략 실무 수립에 어떤 식으로든 영향을 받기 때문에 이들을 반드시 포함해야 한다.

조직의 분야 또는 역할 목록은 다를 수 있지만 최종 목표는 아래와 같다.

- 역할과 기능을 이해하는 것
- 콘텐츠 전략에 대한 공유된 이해를 평가 또는 확립하는 것
- 콘텐츠 전략이 기능이나 부서에 어떤 도움이 되는지 공유하는 것
- 조직적 협력 관계를 구축하는 데 필요한 정보를 제공하는 것

비록 일부의 사람들과 친밀한 관계를 형성했더라도, 팀원들이 아직 이해하지 못하는 내용에 대한 지원을 요청해야 하는 최종적인 목표를 가지고 대화를 시작하는

것은 어려울 수 있다. 콘텐츠 전략에 대한 팀원들의 지식 정도에 대해 조사를 시작할 때, 그 조사 결과는 맥락을 이해하는 데 도움을 줄 것이다.

만약 대화를 원활하게 진행하는 것에 어려움을 느끼거나 아직도 대화를 시작하는 방법을 알지 못한 경우라면, 각 분야에 적용되는 콘텐츠 전략의 이점에 대한 다음과 같은 내용을 참고할 수 있다.

- **시각 디자이너**Visual Designers: 콘텐츠 전략은 사용자 경험을 지원하는 데 필요한 콘텐츠 양이나 유형에 대한 전체적인 계획이다. 시각 디자이너라면 시각적인 디자인을 만들기 전에 플레이스홀더 카피Placeholder Copy(입력 및 선택 요소에 있는 텍스트)나 로렘입숨Lorem Ipsum(내용보다 디자인 요소를 강조하기 위해 사용된 텍스트) 대신 실제 콘텐츠를 생성하기 위한 프로세스를 구축하는 것을 의미한다. 이렇게 하면 콘텐츠의 양이나 유형을 사전에 고려하지 않아서 콘텐츠 디자인이 중단되는 상황이나 마감 시간을 넘기는 번거로움을 피하는 데 도움이 된다.

- **UX 디자이너**User Experience Designers, **인간 중심 디자이너**Human-Centered Designers: 콘텐츠 전략과 UX 또는 인간 중심 디자인은 페이지에서 페이지로 또는 화면에서 화면으로 이어지는 콘텐츠의 구조 및 흐름에 초점을 맞춰 경로를 찾고 UX의 여러 측면을 고려해야 한다. 공동 작업 기회를 수립하고 분야 간에 명확한 차이를 만들면 고객이나 사용자에게 더 나은 프로덕트나 경험을 제공할 수 있을 것이다.

- **유저 리서처**User Researchers: 콘텐츠 전략가들은 유저 리서치 분야에서 테스트를 위한 콘텐츠를 제공하는 것 외에도 때때로 유저 리서처들과 협력하여 향후 연구를 위한 커뮤니케이션 가이드 및 연구 스크립트 작성을 돕고 연구 결과 보고서를 함께 작성한다.

- **접근성**Accessibility: 콘텐츠는 대부분의 사용자에게 UX를 제공하는 데 기본적인 요소다. 콘텐츠 전략은 혼자서 작업하든 접근성 팀과 함께 작업하든 UX에 대한 장벽을 제거함으로써 누구에게나 동일한 접근을 보장한다. 또한 사용자가 콘텐츠와 상호 작용하는 특성을 통해 모든 사용자의 니즈를 고려하고 지원함으로써 포괄적이고 다양한 경험을 제공하는 것을 보장한다.

- **인포메이션 아키텍트**Information Architects: 일부 조직에서는 콘텐츠 전략가가 인포메이션 아키텍트의 역할도 한다. 두 분야 모두 디지털 정보 공간과 UX에 대한 사용자에게 이해를 돕는다. 두 역할이 모두 존재하는 경우, 인포메이션 아키텍트는 사용자에게 경험을 전달하는 탐색 도구를 제공하고, 전체적인 콘텐츠를 전략적으로 배치하여 사용자 경험을 원활하게 만든다. 콘텐츠 전략가와 인포메이션 아키텍트는 함께 협력해 사용자가 작업을 완료하는 데 필요한 정보를 찾을 수 있도록 도와, 비즈니스 목표를 달성하고 사용자 니즈를 충족할 수 있다.

- **개발자**Developers, **엔지니어**Engineers: 콘텐츠 전략가가 웹 사이트나 애플리케이션 내 콘텐츠에 대해 깊이 있는 지식을 갖고 있다면 이는 개발자와 엔지니어에게 매우 유용하다. 콘텐츠 전략가는 콘텐츠 모델을 만들거나 콘텐츠 관리 시스템 CMSContent Management System(웹 사이트를 구성하고 있는 다양한 콘텐츠를 효율적으로 관리할 수 있도록 도와주는 시스템)내에서 **콘텐츠 검색에 도움이 되는 메타데이터 및 분류 체계를 사용하여 백 엔드에서 콘텐츠가 어떤 식으로 구조화되는지 잘 알고 있을 것이다. 또한 확립된 콘텐츠 전략 실무는 사이트 마이그레이션** Migration(한 운영 체계에서 다른 운영 체계로 옮기는 과정)**에 대한 접근 방식을 표준화하고, 대상이 되는 사이트의 URL부터 사이트 개발 프로세스를 지원하는 리디렉션까지 모든 것을 제공할 수 있다. 이러한 지원은 개발자와 엔지니어에게 큰 도움이 된다.**

- **프로덕트 매니저**Product Managers: 프로세스를 구축하는 것은 콘텐츠 요구 사항이 유입되는 것을 수집할 수 있기 때문에 프로덕트 매니저들에게 큰 이점을 제공한다. 실무에서 일하는 콘텐츠 전략가들이 프로덕트, 서비스, UX를 지원하기 위해 만든 콘텐츠는 고객 세분화 및 기타 정보를 기반으로 하여 프로덕트를 적응시키고 전환율을 높일 수 있다. 또한 협력을 통해 프로덕트 개발 프로세스 전반에 걸쳐 콘텐츠 제작 시 고려해야 할 사항들이 통합되어 있기 때문에 프로덕트와 기능을 적시에 제공할 수 있다. 이 프로세스를 통해 콘텐츠와 관련해서 프로덕트 출시 직전에 발생하는 지연을 방지할 수 있다.

- **프로젝트 매니저**Project Managers: 콘텐츠 전략가들은 UX를 지원하는 콘텐츠를 계획하고 제작하며 큐레이팅하는 데 들인 노력을 잘 알고 있다. 프로젝트 매니저는 콘텐츠 전략 실무자와 파트너십을 맺고 프로젝트 일정을 순조롭게 진행하는 데 도움이 될 프로세스를 확립할 수 있다. 또한 이러한 파트너십을 통해 콘텐츠 관련 중요 단계 및 결과물을 간과하지 않도록 한다.

만약 에이전시나 조직이 앞서 설명한 역할과 같은 방식으로 구성되어 있지 않다면 콘텐츠 전략 수립을 중심으로 협력 관계를 구축하는 일이 가능한지, 만약 가능하다면 누구와 이야기해야 하는지 궁금할 것이다. 콘텐츠 전략을 성공적으로 수립하기 위해서는 앞서 언급한 역할과 방식들의 목록에만 의존하면 안 된다. 조직 내에는 다음과 같은 분야의 지원을 통해 협력 관계를 구축할 수도 있다.

- **마케팅**: 일부 조직에서는 콘텐츠 전략이 곧 마케팅의 기능을 하기도 한다. 다른 경우에는 전적으로 UX에 해당하기도 한다. 때때로 콘텐츠 전략은 마케팅과 UX 양쪽에 모두 존재하기도 한다. 이 책은 주로 UX 중심의 콘텐츠 전략 실무를 구축하는 내용이지만, 실무가 마케팅과 어떤 방식으로든 협력해야 한다면 마케팅 담

당자와 콘텐츠 전략에 대한 이해를 공유하는 것이 매우 중요하다. 접근 방식을 정의하고 도표를 만들고 콘텐츠 실무와 마케팅 팀 사이에 생기는 콘텐츠 승인 절차 및 연관성을 인식하면 파트너십도 강화된다.

· **고객 서비스:** 고객 서비스는 해당 콘텐츠가 고객 서비스를 위한 스크립트로 사용되는지 또는 사용자가 도움이 필요할 때마다 접근할 수 있는 온라인 환경에 저장되는지와는 관계없이 콘텐츠 전략과 자연스럽게 협력 관계를 맺고 있다. 고객 서비스의 최전선에 있는 사람들보다 고객의 문제점을 더 잘 파악할 수 있는 사람이 누구인가? 동향을 파악하고 이러한 문제점을 유용한 콘텐츠로 전환하여 더 효과적으로 예방할 수 있는 사람은 누구인가? 바로 콘텐츠 전략가이다.

· **기술 지원:** 고객 서비스와의 관계와 마찬가지로, 콘텐츠 전략가와 기술 지원은 사용자 인터페이스에서 이해하기 어려운 기술 용어를 더욱 직관적이고 간단한 언어로 번역하는 데 도움을 준다는 점에서 상호 보완적이다. 또한 기술적인 문제의 패턴을 파악하고 개선을 위한 피드백을 제공하여 이러한 기능 사이의 다리 역할을 할 수 있다.

· **기타 팀, 부서:** 콘텐츠 전략가는 종종 데이터 분석 분야와 협력하여 프로젝트의 콘텐츠를 최적화할 기회를 알려주는 과거 데이터의 상황별 패턴을 식별한다. 또한 검색 엔진 최적화를 사용하여 콘텐츠 검색 기능성을 지원하는 콘텐츠 전략 모범 사례를 수립할 수 있다.

프로젝트 타임라인에 초점을 맞추면서, 마지막으로 참고해야 할 사항이 있다. 팀에 콘텐츠 전략을 포함한 UX의 모든 측면을 대표하는 리더가 없다면, 새로운 프로젝트를 검토할 때마다 콘텐츠 전략가를 프로젝트에 참여시키거나 프로젝트 팀이 최소한의 조언을 받을 수 있는 상황을 만드는 것이 중요하다. 콘텐츠 전략가는 콘텐츠 전략 실무를 진행하면서 예상했던 것과 비슷하게 유지되고 연관된 중요 지표와 결과물이 올바른지 확인한다. 타임라인이 정해질 때 사전에 콘텐츠 전략이 논의되지 않을 경우, 모든 단계에 필요한 시간을 제대로 파악할 수 없는 위험이 더욱 커진다.

글로벌 기업 실무자들의 조언

협력을 위한 참여 유도

칸디 윌리엄스 Candi Williams | 범블Bumble의 콘텐츠 디자인 팀 리더

네이션와이드Nationwide Mutual Insurance Company(미국의 전국상호보험회사) 같은 거대한 조직에서 콘텐츠 디자인을 접목하는 방법을 찾는 일은 칸디 윌리엄스에게는 쉽지 않은 일이었지만 재미있는 일이기도 했다. 처음에 그곳에서 두 명의 콘텐츠 디자이너 중 한 명으로 활동을 시작해서 마침내 스무 명까지 팀원을 늘리게 됐다. "사람들이 확장에 관해 이야기하면서, 구성원의 수가 모든 문제의 해답이 될 것으로 생각하지만 더 많은 문제의 시작일 뿐입니다."

윌리엄스는 네이션와이드에서 팀을 성장시키면서 여러 부서의 동료들에게 콘텐츠 전략가들이 왜 이런 일을 하는지 이해시키는 데 초점을 맞추었고, 그 과정에 동료들이 참여할 수 있도록 하였다. 또한 사람들이 콘텐츠 전략의 목적과 가치에 대해 잘 이해하고 있는지 확인했다. "큰 조직에 있을 때는 실제로 아무도 여러분들의 일에 대해 신경 쓰지 않습니다. 그들은 여러분들이 그들을 위해 무엇을 할 수 있는지, 어떻게 그들과 함께 일할 수 있는지에 대해서만 관심이 있습니다."

콘텐츠 실무 작업을 보여주는 것도 조직적 협력 관계 구축을 촉진하는 데 도움이 된다. 예를 들어, 주택담보대출에 대한 중복 콘텐츠를 밝혀낸 콘텐츠 감사 결과를 작성하여 공유했는데, 그 중복된 콘텐츠가 발견된 페이지를 인쇄하여 강조 표시하는 방법을 사용했다. 그리고 이를 바탕으로 이해관계자들과 함께 작업했다. "중복 콘텐츠는 의미가 없으므로 삭제해야 합니다.'라고 말하는 대신 작업을 직접 공유하고 이해관계자들을 프로세스에 참여할 수

있도록 하였습니다."

윌리엄스에게 있어 협력 관계는 다른 사람들의 역할과 업무에 대해 깊은 관심을 진심으로 보여주는 것으로 귀결된다. 즉 그들이 중점적으로 일하는 영역과 목표를 이해하고 달성하는 데 시간을 할애하고 어떻게 그들과 긴밀하게 협력할 수 있는지를 파악하는 것이다. "이는 사람 대 사람으로 서로를 대하여 그들의 동기를 진정으로 알아가는 것입니다."

케이던스 설정 및 일정 조정

파트너와 협력할 때 무엇보다 중요한 것은 현실적인 기대치를 설정하는 것이다. 즉 고객과 프로젝트의 규모 및 범위가 커짐에 따라 콘텐츠 실무 내에서 수행되는 작업에 대한 케이던스Cadence(프로젝트 전체에 걸쳐 수행되는 활동 주기)를 설정하는 데 시간이 오래 걸리고, 시행착오도 필요하며, 일부 피할 수 없는 오류도 발생한다는 사실을 모든 사람에게 공유하는 것이다. 이는 콘텐츠 전략 실무와 관련된 모든 사람의 작업 규모에 따라 일정이 조정될 수 있도록 함께 협의하는 것을 의미한다.

간혹 콘텐츠 전략은 '너무 오래 걸리는 일'이라는 좋지 않은 평가를 받기도 한다. 이러한 평가는 다양한 이유로 나타난다. 그중 가장 일반적인 이유는 협력 관계를 구축하는 초기 단계에서 많은 사람을 포함하지 않기 때문이다. 콘텐츠 전략이 수립되기 전 가능한 한 많은 팀원 및 잠재적인 부서별 파트너와 콘텐츠 전략의 이점을 공유하는 것이 중요하다. 이러한 접근 방식은 사람들이 콘텐츠 전략이 자신을 포함하는 일이며 확실한 이점이 있는 것으로 느끼게 한다. 사람들이 협력 관계를 구축하는 초기 단계에서부터 프로젝트에 참여하여, 콘텐츠 전략 실무의 개념과 그것에서부터 파생될 작업을 완전히 이해할 수 있다면 반발이 훨씬 적을 것이다.

시간이 지나 사람들이 콘텐츠 전략 실무의 가치를 이해한다면 콘텐츠 전략가들이 연구를 기반으로 한 철저한 접근 방식을 자신 있게 제시한다는 이야기를 듣게 될 것이다. 하지만 그전까지는 프로덕트 오너나 프로덕트 매니저에게 "그래서 이 모든 과정이 얼마나 걸릴까요?"라는 질문을 들을 수도 있다. 어떤 콘텐츠 전략가는 프레젠테이션 하는 도중 프로덕트 오너에게 "충분히 봤습니다."라는 말을 듣기도 했다. 하지만 이것이 프로덕트가 완전히 판매되었음을 의미하는 것은 아니다. 실제로 프로덕트 오너는 발표를 중단한 뒤 회의를 끝내고 일정에 부정적인 영향을 미치는 것들에 대해 몇 마디 말을 퉁명스레 던지고는 갑자기 회의실을 빠져나갔다.

이런 상황은 다소 극단적인 예외일 가능성이 높다. 하지만 일단 소개와 인터뷰를 마치고, 협력 관계를 확인하고, 콘텐츠 전략이 무엇인지 또 그것이 가져올 가치는 무엇인지, 마지막으로 왜 콘텐츠 전략 실무를 수행하고 있는지를 철저히 공유하고 나면 파트너가 다음의 두 가지 중요한 사항을 이해할 수 있을 것이다.

- 콘텐츠 전략 실무의 모든 접근 방식, 도구, 성과물이 모든 고객 또는 프로젝트에 필요하거나 적용되는 것은 아니다.
- 프로젝트 착수를 준비하는 시점에서 콘텐츠 전략에 투자하는 시간은 콘텐츠 충돌을 완화하고 타임라인 말미에 일정이 지연되어 ROIReturn On Investment(투자자본수익률)에 부정적인 영향을 미칠 수 있는 것을 사전에 방지한다.

실천 공동체와 그들을 하나로 묶는 헌장

에티엔Etienne과 비벌리 웽거-트레이너Beverly Wenger-Trayner는 다음과 같은 실천 공동체를 만든 공로를 인정받았다. "CoPCommunity of Practice(실천 공동체)는 일에 대한 관심과 열정을 공유하고 정기적으로 상호 작용하면서 성장하는 방법을 배우는 집단이다."[2]

그들의 웹 사이트에 따르면 다음과 같다.

- CoP는 관심을 공유하는 영역이다.
- CoP의 구성원들은 공동체를 형성하고 배움과 지식을 공유하는 관계를 맺는다.
- CoP의 구성원들은 도구부터 리소스에 이르기까지 모든 것을 공유한다. 또한 이 들은 공유된 콘텐츠 전략 실무의 수립과 유지를 돕고, 자신의 열정이나 관심사에 대한 사례 연구를 공유한다.

콘텐츠 전략가의 조언

비현실적인 기대

경영진들은 콘텐츠 전략 실무가 제공할 수 있는 이점에 대해 잠재 고객 또는 내부 이해관계자들과 함께 대화를 하기 시작한다. 콘텐츠 전략가로서 콘텐츠 전략 실무의 중요성에 대해 인정받고 다른 사람들에게 추천 받는다는 것은 의미 있는 일이다.

실무의 성과를 인정받는 것에 대한 갈망도 있지만 다른 한편으로는 해당 콘텐츠에 담긴 내용과 소요된 시간에 대해서 정확하게 명시되지 않는 문제점도 있다. 5,000장이 넘는 복잡한 웹 사이트에 대해서 완벽한 콘텐츠 전략을 약속했지만, 정작 4분의 1 크기의 사이트에 맞는 일정이 주어졌다는 사실을 깨달으며 두려움이 들 수도 있다. 또는 철저하게 검토해야 하는 사이트의 타임라인이 그렇지 않은 사이트의 타임라인을 기준으로 진행되는 경우 마감 시간이 촉박해질 수도 있다.

이러한 대화를 조직의 모든 단계에서 진행함으로써 불필요한 감정 소비를 피할 수 있다. 그리고 여기서 가장 중요한 것은 현실을 반영하지 않는 기대는 하지 말아야 한다는 사실이다.

---

2 Etienne and Beverly Wenger-Trayner, "Introduction to Communities of Practice", Wenger-Trayner.com, 2015.

> 이어서 자세히 알아볼 콘텐츠 전략 실무 헌장을 제정한다면, 실무가 프로젝트 일정 계산에
> 접근하는 방식과 더불어 실무의 목적과 운영에 대해 합의한 내용이 서면으로 기록될 것이다.

CoP 개념에서 가장 중요한 내용 중 하나는 실천 공동체 헌장The Community of Practice Charter이라는 문서를 만든 것이다. 공중위생 전문가들의 CoP 생성 촉진을 위해 CoP 리소스 키트를 개발한 미국 질병통제예방센터CDC에 따르면, "각 CoP에 의해 개발된 CoP 헌장에는 공동체에 필요한 역할, 범위, 목표, 기타 경로 설정을 위한 구성 요소들이 포함된다."[3]

CDC의 헌장은 다음을 포함한다.

- 소개-공동체 헌장의 목적
- 공동체 개요
- 타당한 이유
- 범위
- 공동체 참여
- 인수, 제약, 위험 요소
- 공동체 조직
- 공동체 헌장 승인

지속 및 확장 가능한 콘텐츠 전략을 구축할 때 실무의 역할, 목적, 경계를 문서화하는 헌장을 만들어야 한다. 이 문서는 다음과 같은 목적으로 사용된다.

---

3 "Communities of Practice (CoPs)", Centers for Disease Control and Prevention, Public Health Professionals Gateway, 2021.12.2.

- 새로운 실무자가 조직에 합류할 때, 온보딩Onboarding(신입 사원이 조직 구성원이 되는 데 필요한 지식, 기술, 행동을 교육하는 조직 사회화 과정) **전략의 일환으로 활용할 수 있는 참고 자료다.**
- 아직 콘텐츠 전략에 익숙하지 않고 콘텐츠 전략이 자신의 업무에 어떤 영향을 미치는지 이해하지 못하는 다기능 팀원을 위한 가이드다.
- 합의된 헌장의 범위를 벗어난 요구 사항이나 지침이 있을 경우, 경로를 수정하기 위한 합의서다. 특정 고객 또는 이해관계자의 요구 사항에 맞춰 문서를 수정하거나 합의를 무효화하는 경우가 발생할 수 있다. 하지만 이러한 수정 사항의 범위나 책임을 지원할 수 있는 또 다른 프로세스가 있어야 한다.

유용한 팁 **콘텐츠 전략 수립 장소로서의 CoP**

> 조직이 공식적인 콘텐츠 전략 실무를 수립할 준비가 되어 있지 않다면, CoP 자체를 콘텐츠 전략을 수립하는 흥미로운 장소로 설정할 수 있다. 이후에 더 견고한 실무 구조를 구축할 준비가 되면 의미 있는 대화를 위한 안전한 공간으로도 설정할 수 있다.

지지의 공유를 통한 지속적인 협업

이 장에서는 지속 및 확장 가능한 콘텐츠 전략을 수립하기 위한 첫 번째 단계로서 협력 관계의 중요성에 대해 자세히 살펴보았다. 이 단계는 완료될 작업에 대한 기대치를 설정하고, 협업 방식을 보여주며, 일정을 계획한다. 그리고 첫 번째 장에서 설명한 잊지 말아야 할 원칙들의 중요성을 다시 살펴보았다. 특히 콘텐츠 전략이 가져오는 가치에 대해 다른 사람들을 교육하는 필요성을 다루는 원칙이었다. 또한 혼자가 아님을 깨닫고 수년간의 풍부한 경험을 쌓은 콘텐츠 전략가들의 공동체가 있다는 것을 알고 안도감을 느끼는 것도 중요하다. 지지의 공유를 통한 지속적인 협업에 초점을 맞춰야 하기 때문이다.

콘텐츠 전략 CoP 설립

나는 예전에 다양한 슬랙 채널이 있는 조직에서 일했다. 그중에 특히 눈길을 끈 것이 하나 있었는데, 바로 HCD CoPHuman-Centered Design CoP(인간 중심 디자인 실천 공동체)였다. HCD를 회사의 조직에 통합시키는 것에 대한 논의를 주관하고, 적합한 경우 프로젝트 수준에서 진행하기 위해 전체적인 채널을 만들었다. 조직 전반에 걸쳐 다양한 분야를 대표하는 이들로 구성된 커뮤니티가 있다는 사실을 비롯해, 함께 모여서 HCD에 열정을 가지고 지식을 공유하며 주제에 대해 토론을 할 수 있는 채널이 있다는 사실도 신선했다.

나는 CoP 개념에 호기심이 생겼고, 에이전시나 조직 내에서 실무를 진행하는 것과는 어떻게 다른지 궁금해졌다. 물론 이 내용은 이 책에 담겨 있다. CoP 개념은 역량의 영역으로서 영향력이 있으므로 HCD 실무자뿐만 아니라 어느 정도 궁금증을 가진 사람들이 있는 조직에서 잘 작동했다. 그리고 HCD가 프로젝트에 의해 어느 정도 분리된 조직에서도 마찬가지였다.

HCD CoP는 내가 진행하고 있는 특정 프로젝트와 관련된 UX 및 HCD에 대한 문제를 제기하고, HCD 관점을 통해 문제에 어떻게 접근하는지에 대한 공감대를 형성하기에 좋은 곳이었다. 경영진은 콘텐츠 전략에 대해 학습하는 것도 실무로 받아들였기 때문에 주제를 중심으로 공유 학습을 전담하는 CoP를 만들었다. 콘텐츠 전략 CoP의 생성은 궁극적으로 수요가 증가할 경우 실무를 만들기 위한 씨앗을 뿌린 것과 마찬가지였다. 즉 콘텐츠 전략 CoP는 콘텐츠 전략에 관심이 많은 사람을 파악하여 협력 관계 구축의 장을 마련했다. 여기서 콘텐츠 전략 CoP를 구성하는 동안 헌장의 초안을 작성했다. CDC만큼 형식적이지는 않았지만, CoP 헌장에 다음의 주제를 포함했다(이어지는 글머리 기호 목록과 그림 2.1 참조).

- 운영 정의: 콘텐츠 전략의 의미와 실행 방법을 정의한다.
- 가치 제안:
  - CoP가 기업 및 고객에게 제공하고 기여하는 것이 무엇인가?
  - CoP가 구성되는 방식과 참여 독려를 위한 구체적인 회의, 활동, 이벤트 목록
  - CoP 형성 및 운영에 관한 추가적인 리소스

헌장 초안에 실무에서 할 수 없는 작업 목록이 없다는 것을 알 수 있다. 그 이유는 다음과 같다.

- CoP는 배움과 실천의 공간이었다. CoP는 콘텐츠 전략에 대한 참여 및 탐구의 장려를 목표로 했다. 헌장 초안에서는 아직 충분한 시간을 갖지 못했기 때문에 콘텐츠 전략 실무에서 어떤 주제를 제외해야 하는지 고려할 수 없었다.
- CoP에는 라이프사이클이 있다. CoP는 대부분 시작과 끝이 명확하다. CoP는 특정 문제를 해결하거나 목표를 달성하기 위해서 조직되었거나 CoP에 의해 제공된 가치가 감소했는지 그렇지 않은지에 대한 합의가 있을 때 조직되었을 수도 있다. CoP는 발생한 모든 문제를 해결한 후 또는 명시된 목표를 달성한 후에 종료될 수 있다.

콘텐츠 전략 CoP 구성원 수가 증가하여 우리는 콘텐츠 전략을 구체화하기 위해 헌장에 '하지 않을 것'의 목록을 추가하기도 했다. 동시에 적극적으로 참여하는 CoP를 만들기 위해 모든 토론과 의견을 환영했다.

콘텐츠 전략 실천 공동체

소개

"콘텐츠 전략이 계속 성장함에 따라 분야는 계속해서 변화한다. 1분 동안 산업 분야에 대해 이야기하고 바로 프로덕트 디자인에 대한 논의가 진행되는 방식이다. 계속해서 변화하는 만큼 서로에게 공유하고 배우는 것이 필수다."

-테네사 제멜크Tenessa Gemelke,
브레인 트래픽 블로그 발췌[1]

운영 정의

- 콘텐츠 전략은 유용하고 사용 가능한 콘텐츠의 생성, 제공, 거버넌스를 안내한다.
- 콘텐츠 전략은 적절한 장소에서 적절한 시기에 적절한 콘텐츠를 적절한 사람들에게 제공하는 것을 의미한다.
- 콘텐츠 전략은 라이프사이클 전반에 걸친 콘텐츠에 대한 사용자 중심, 목표 중심 선택의 통합이다.

-크리스티나 할버슨Kristina Halvorson,
브레인 트래픽 블로그 발췌[2]

1　Tenessa Gemelke, "How to Teach Content Strategy", Brain Traffic (blog), 2018.7.19.
2　Kristina Halvorson, "What Is Content Strategy? Connecting the Dots Between Disciplines", Brain Traffic (blog), 2017.10.26.

가치 제안

콘텐츠 전략 CoP는 다음과 같다.
- HCD+UX 분야의 상호 보완적인 콘텐츠 전략에 대한 지식을 공유하는 데 기여한다.
- 콘텐츠 전략의 기본 가치와 지식을 공유하는 데 기여한다.

콘텐츠 전략 CoP의 목적은 다음과 같다.
1. CoP의 명확한 목적을 염두에 둔다.
   - 콘텐츠 전략에 대한 지식과 역량을 공유하며 성장을 돕는다.
   - 호기심을 북돋우고 콘텐츠 전략에 대한 대화를 원활하게 이끈다.

2. 공유 학습 인프라를 구축하고 지속적으로 협동한다. 콘텐츠 전략 CoP의 초기 목표는 다음을 통해 정보 및 지식의 공유를 촉진하는 것이다.
   - 메시징 및 리소스 공유를 위한 슬랙 채널
   - 콘텐츠 관련 워크샵, 런치앤런

3. 팀원이 회의실에서 공유한 경험 및 지식을 숙지한다. 콘텐츠 전략 CoP는 모두를 위한 것이다. 다음과 같은 다양한 실무자 그룹의 참여를 통해 더욱 개방되고 강화된다.

- 콘텐츠 엔지니어
- 디자이너
- 개발자
- 인포메이션 아키텍트
- UX 라이터

4. 관심 있는 구성원들을 위해 소개하는 자리를 마련한다. 첫 번째 회의는 HCD CoP가 주관할 것이다.
   - '콘텐츠 전략 101' 프레젠테이션이 포함될 것이다.
   - 요청만 있다면 언제든지 슬랙 채널을 통해 프레젠테이션이 녹화되고 공유될 것이다.

5. 모더레이터가 있다. 이것이 바로 우리 CoP 성공의 중요한 열쇠다. 현재로서는 퍼실리테이터가 CS CoP를 진행할 것이다. 모더레이터는 콘텐츠 전략에 대한 열정을 가진 누구든 될 수 있다.

6. 지식을 공유하고 의사소통을 강화하기 위해 정기적으로 회의를 개최한다. 회의 케이던스는 추후 결정 예정이다.

7. 슬랙과 같은 채널을 활용해 지속적으로 소통한다.

8. CoP의 가상 본사 역할을 담당할 온라인 도구나 소프트웨어를 사용한다. 예를 들어 토론 주제, 리소스 목록 등을 추적하기 위해 트렐로Trello와 같은 보드형 협업툴을 사용할 수 있다.

9. 다른 CoP에 지원 및 리소스를 제공한다. 콘텐츠 전략 CoP가 성장함에 따라 다른 CoP에 지원 및 리소스를 제공할 것이다.

10. CoP가 촉진할 수 있는 문제 및 개선 영역을 파악하기 위해 때로는 전사적으로 설문 조사를 실시한다. 이러한 설문 조사는 다음과 같은 목적으로 사용된다.
    - 계획을 알린다.
    - 집중해야 할 문제와 개선 영역을 파악하고 결정한다.
    - 프로젝트 또는 조직 전체에 해당하는 긴급한 문제에 초점을 맞춘다.
    - 실무를 확장시키기 위한 계획을 발전시킨다.

그림 2.1 콘텐츠 전략 CoP 헌장 예시

콘텐츠 전략에서 지지의 공유를 통한 지속적인 협업을 강조하는 이유는 콘텐츠 전략이 여전히 새롭기 때문이다. 사실 이 작업을 '새로운 것'으로 여기는 것은 이상해 보일 수 있지만, 이 작업이 얼마나 필요한지 또 얼마나 많은 브랜드가 여전히 콘텐츠 전략의 이점을 인지하지 않았는지를 웹을 둘러보면 금방 알 수 있다.

물론 다른 이점도 있다. 공유된 지지가 있을 때는 지속 가능성 역시 증가한다. 콘텐츠 전략의 성공과 이해관계가 있다고 여기는 사람들이 늘어나고, 실무의 지속 가능성에 부분적으로만 관심이 있던 다른 사람들의 지지가 커지는 것은 에이전시나 조직 전체에 걸쳐 실무 작업이 중요하고 지원할 가치가 있는 일이라는 일반적인 합의가 이루어졌다는 것을 의미한다.

넷앱NetApp의 글로벌 포트폴리오 라이프사이클 매니지먼트 담당자인 안나 나바로-슐레겔Anna Navarro-Schlegel은 전사적으로 콘텐츠 전략에 관해 공유하는 것을 강조했다.

슐레겔은 협업을 촉진하기 위해 두 가지 일을 했다고 설명한다.

- 그녀는 그들이 누구인지, 무엇을 하는 사람들인지, 또 무엇을 알고 있는지를 파악하기 위해 참석하고 싶어 하는 많은 사람과 식사를 했다.
- 그녀는 조직의 콘텐츠를 살펴보기 위해 경영진들을 확인했고 이 콘텐츠에서 원하는 것이 무엇인지 질문하기 시작했다.

슐레겔은 이 과정의 결과에 대해 다음과 같이 말했다. "… 조직이 무엇을 필요로 하는지 명확하게 알게 됩니다. 그들은 기업을 위한 콘텐츠 전략을 스스로 주도하고 싶어 합니다. 이것은 협력을 통해 더욱 강해지고, 그 과정에서 그들에게 권한 및 소유권을 부여한다는 이야기죠. 우리는 누가 이 일에 열정적인지를 파악해야 합니다."

이 접근 방식은 슐레겔의 상황에 국한되어 있지만, 이 장에서 설명했던 협력 관계 구축 과정과 매우 유사하다. 호기심이 많은 사람, 열정을 가진 사람, 심지어 처음에는 반대했던 사람들까지, 도움이 되는 사람들을 찾는다면 실무를 위한 확고한 기반을 다지는 데 필요한 요소들을 얻을 수 있을 것이다.[4]

갈등을 조정하고 의견을 경청하기

크리스티나 할버슨Kristina Halvorson | 브레인 트래픽Brain Traffic 창업자

그녀는 콘텐츠 전략을 실행하거나 의견 차이가 있는 문제를 조정하는 데 있어서 핵심 가치를 확인하고 이해하는 것이 중요하다고 말한다. 이것은 특히 UX 중심의 콘텐츠 전략 실무와 마케팅 사이에 갈등이 있는 조직에서는 더욱 그렇다. "어떤 직장 문화에서든 스스로 싸움을 선택해야 합니다. 방에서 가장 큰 목소리를 내는 마케팅 담당자들이 있을 거예요. 때로는 그 방을 나와야만 합니다."

하지만 방을 나오기 전에, 조정하려는 부분의 핵심 가치를 확인하고 그것을 이해하고자 노력할 수 있다면 어느 정도 진전이 보일지도 모른다. 그들에게 중요한 것은 무엇인지, 성과는 어떤 기준으로 측정되는지, 그들에게 성공이란 어떤 의미인지 이해하고 그것에 대해 존중해야 한다. 각 팀, 부서, 이해관계자가 맡은 업무를 이해하고 이를 최대한 반영하는 것과 다른 사람들이 무엇에 열정을 느끼는지를 이해하는 것 역시 지지를 촉진하는 데 도움이 된다.

협력 관계에 있는 사람들은 누군가 자신의 이야기를 들어주기를 원한다. 결국 가장 중요한 것은 갈등을 조정하고 의견을 경청하는 것이다. "이들의 의견을 듣는다면 여러분들에게 큰 도움이 될 것입니다. 이는 그들이 여러분의 말을 따를 것이라는 뜻이 아니라 여러분들이 그들의 말을 귀 기울여 듣고 있다고 느낀다면 더 지지할 가능성이 높아진다는 뜻입니다."

---

4 Scott Abel et al., "Leading Content Strategy Across an Enterprise with Anna N. Schlegel", BrightTALK (podcast), 2020.12.17.

체크 리스트

콘텐츠 전략 수립 프로세스에서 다기능 팀원들과 협력 관계를 구축하고, 그들이 가진 다양한 관점을 포함해 다음을 수행할 수 있다.

- ☑ 콘텐츠 전략가와 다른 분야의 실무자 간의 공동 창작 및 협업 기반을 구축한다.
- ☑ 콘텐츠 전략 실무 범위 내에 있는 것과 그렇지 않은 것, 즉 해야 할 일과 하지 말아야 할 일에 대한 명확한 경계를 설정한다.
- ☑ 콘텐츠 전략 실무가 기존 프로젝트 일정에 미치는 영향을 고려한다. 또한 일정에 콘텐츠 전략을 포함하는 기반을 마련한다.
- ☑ 분야 간 의사소통 부족으로 발생하는 프로세스 격차를 해소하기 위해 콘텐츠 전략 실무를 통해 다리를 놓거나 추가적인 대화를 제안한다.
- ☑ 지속적인 포용과 지지를 통한 올바른 협력 관계 구축을 돕기 위해 협력 관계 구축을 돕기 위해 계속 대화할 수 있는 공간을 만든다.

콘텐츠 전략 블루프린트의 모든 구성 요소가 중요하지만, 실무의 지속 가능성을 위해서 적극적인 대화와 경청을 통한 협력 관계 구축이 무엇보다 중요하다.

CHAPTER 3

프로세스 프레임워크

약 10년 전, 나는 고객을 위한 웹 사이트 리디자인 작업을 위해 에이전시를 통해 계약직 콘텐츠 전략가로 고용되었다. 첫날 스프레드시트와 템플릿이 가득 들어 있는 노트북을 들고 갔고, 광범위한 고객 조사를 수행하고, 휴리스틱 평가Heuristic Evaluation(프로덕트 사용성을 평가하기 위한 보편적인 UX 분석 방법)를 진행했다. 하지만 나의 접근 방식에는 몇 가지 문제가 있었다.

첫째, 기존 UX 팀에 낙하산 인사로 들어가 웹 사이트 개발 과정을 담당했다. 그리고 그 과정을 제대로 이해하지 못하고 실무를 시작하게 되었다. 둘째, 에이전시 최초의 콘텐츠 전략가였기 때문에 실무가 팀의 기존 프로세스에 어떻게 또는 어디에 적합한지를 명확히 파악하지 못했다.

몇 주간 UX 리더와 효과적으로 협업하겠다는 명분으로 비생산적인 시도를 하고 연이어 실패한 후, 나는 스프레드시트와 템플릿은 제쳐 두고 UX 리더와 함께 화이트보드가 늘어선 회의실에 모였다. 그러고는 엔드 투 엔드 프로세스 프레임워크 End-to-end Process Framework를 계획하여 각자가 맡을 분야를 할당했다. 그리고 각 분야 간 협력이 제대로 이루어지도록 지원하였다. 마침내 프로세스 프레임워크 체계를 통해 결과물을 만들어 냈고, 웹 사이트 개발 과정의 모든 지점에서 중요한 핸드오프를 파악할 수 있었다. 프로세스 프레임워크가 없었다면 콘텐츠 전략 실무를 수립할 기반을 마련하는 것은 불가능했을 것이다.

프로세스 프레임워크 생성

견고한 콘텐츠 전략은 COPECreate Once, Publish Everywhere(하나의 정보를 다양한 매체와 형식을 통해 전달하는 것)에 초점을 맞춘다. 마찬가지로 반복적으로 사용할 수 있는 마스터 프로세스 프레임워크를 생성하여 지속 가능한 콘텐츠 전략을 구축해야 한다.

COPE는 디지털 편집 전략의 일환으로 NPRNational Public Radio(미국 공영 라디오 방송)에 의해 최초로 대중화되었다. 그들의 목표는 이메일, 소셜 미디어, 문자 메시지 등을 비롯한 다양한 채널과 장치에 쉽게 적용 또는 배포할 수 있는 콘텐츠를 만드는 것이었다.[5] 현재 이 개념은 UX 중심 콘텐츠 전략뿐만 아니라 콘텐츠 마케팅에서도 사용되는 개념이다. 특히, 프로덕트 설명과 같은 반복적으로 사용이 가능한 기존 콘텐츠의 생성은 다양한 채널에 걸쳐 여러 가지 방식으로 사용할 수 있도록 구조화된다.

콘텐츠 전략 실무를 구축하는 과정에서 COPE는 반복과 확장이 가능하며 콘텐츠 전략 실무를 의도적으로 포함하는 엔드 투 엔드 프로세스를 수립하는 것을 의미한다. 이러한 접근 방식은 프로덕트 계획 단계에서부터 개발, 출시, 그 이후의 모든 단계까지 걸쳐 콘텐츠 전략이 실행되도록 보장하기 위함이다.

마지막 단계, 즉 출시 이후는 콘텐츠 전략 실무에 매우 중요한 단계이다. 이는 모든 실무에 COPE에 대한 접근 방식이 반복 사용이 가능한 프로세스라는 것을 입증하기 때문이다. 또한 프로젝트에서 프로젝트로 또는 고객에서 고객으로 복제도 가능한 프로세스라는 것을 보여주기 때문이다. 더 좋은 것은 반복 가능성이 수립 중인 콘텐츠 전략 실무의 효율성을 말해주고, 그 효율성이 에이전시나 조직의 수익으로 잘 전환된다는 것이다.

다음의 목록은 프로세스 프레임워크 생성을 시작할 때 도움이 될 것이다.

- 에이전시에서 고객을 콘텐츠 전략 수립 과정에 불러오면서 그 고객에게 콘텐츠를 전략적으로 생각하고 포지셔닝하는 방법을 알려 줄 뿐만 아니라, 콘텐츠 전략 라이프사이클이라고 하는 순환 프로세스로서의 콘텐츠 전략 개념을 소개한다.

---

5 Daniel Jacobson, "Clean Content = Portable Content", Inside npr.org, 2009.2.4.

콘텐츠에 대한 이러한 전략적 접근 방식은 일회적인 것이 아니므로 고객과의 반복적인 비즈니스 가능성에 영향을 미칠 수 있다.

· 중소기업이나 대기업에서는 콘텐츠 전략 수립 과정에 팀원 및 이해관계자들을 참여시켜 반복 가능한 프로세스의 구축이 조직에서 콘텐츠를 효율적으로 만드는 데 어떤 도움이 되는지, 만들어진 콘텐츠가 비즈니스 목표와 사용자 니즈에 부합하는지 확인하는 방법을 보여줄 수 있다. 인벤토리 및 감사를 수행하는 것부터 시작해 콘텐츠가 마지막으로 업데이트된 시점까지 모든 것을 추적하는 콘텐츠 매트릭스Content Matrix를 생성한다. 또한 콘텐츠를 최적화하는 기회를 파악해 불필요하게 발생할 수 있는 비용과 시간을 절약하고 효율성을 높일 수 있다.

핵심 개념 **콘텐츠 라이프사이클**

> 콘텐츠 라이프사이클Content Lifecycle 5단계는 콘텐츠 전략가 에린 사임Erin Scime 에 의해 처음 소개됐고, 이후 메간 케이시Meghan Casey의 책 『콘텐츠 전략 툴킷The Content Strategy Toolkit』[6]에 등장했다. 콘텐츠 라이프사이클에 대한 그림과 자세한 설명은 6장 '강력한 핵심 유지'에서 확인할 수 있다.
>
> 사임의 콘텐츠 라이프사이클 단계에는 높은 수준의 분석, 전략, 계획, 생성, 유지 보수가 포함된다. 이 5단계를 따르면 사용자가 찾기 쉽고 편리한 디지털 콘텐츠의 계획, 생성, 유지 보수를 지속하고 반복할 수 있다.

고객 또는 사용자 여정을 문서화하거나 프로덕트 로드맵을 시각적으로 만드는 것과 동일한 접근 방식을 사용하여 전체적인 프로세스 프레임워크를 계획할 수 있다. 실제 화이트보드나 디지털 도구를 활용해 사진 3.1과 같이 다양한 분야, 팀, 실

---

6 Meghan Casey, The Content Strategy Toolkit (San Francisco: New Riders, 2015), 203.

무에 각기 다른 색상을 나누어 단계를 계획하는 것이 가능하다. 그다음 기호나 아이콘을 사용하여 중요한 콘텐츠 전략 부분을 이정표로 나타낼 수도 있고 다른 팀 간의 결과물을 수집할 수도 있다.

사진 3.1 프로세스 프레임워크 생성을 위한 회의

프로세스 프레임워크 단계

표 3.1과 같이 간트 차트Gantt Chart(각 업무의 시작과 종료 시점을 나타내는 그래프)를 만들 수 있다. 이 차트는 내가 모든 과정을 진행했던 에이전시에서 작성한 프로세스 프레임워크 문서를 기반으로 한다.

다음 목록은 프로세스 프레임워크 단계의 예시다. 적용되지 않는 단계를 제거하거나 특정 고객이나 조직에만 해당하는 고유한 단계를 추가할 수 있다.

- **조사**
  - 광고 기획서, 프로덕트 요구 사항, 업무 기술서 검토
  - 휴리스틱 평가(기존 UX)
  - 콘텐츠 인벤토리
  - 콘텐츠 감사
  - 이해관계자 인터뷰
  - 사용자 인터뷰

- **정의**
  - 페르소나(생성, 검토, 업데이트)
  - 사용자 목표
  - 사용자 사례 또는 시나리오
  - 비즈니스 요구 사항

- **콘텐츠 분석**
  - 기존 콘텐츠 분석
  - 갭 분석
  - 동료 분석
  - 편집 프로세스 검토
  - 인력 및 기술 준비 상태 분석

- **사이트 정의 및 구조**
  - 사이트 맵
  - 카드 분류
  - 사이트 프레임워크 정의

- **디자인**
  - 디자인 탐색
  - 세부 디자인
  - 자산 및 감사(시각적 구성 요소)
  - 프로토타입(해당하는 경우)

- **콘텐츠 개발**
  - 카피 덱(시각 디자인 및 개발 팀인 경우)
  - 콘텐츠 관리(편집, 법률, 규제 검토가 필요한 경우)
  - 필요한 경우 URL 생성

- **프로젝트 관리**
  - 백로그
  - 우선순위가 낮은 기능
  - 빠른 후속 조치를 위한 체크 리스트
  - 유지 보수 단계

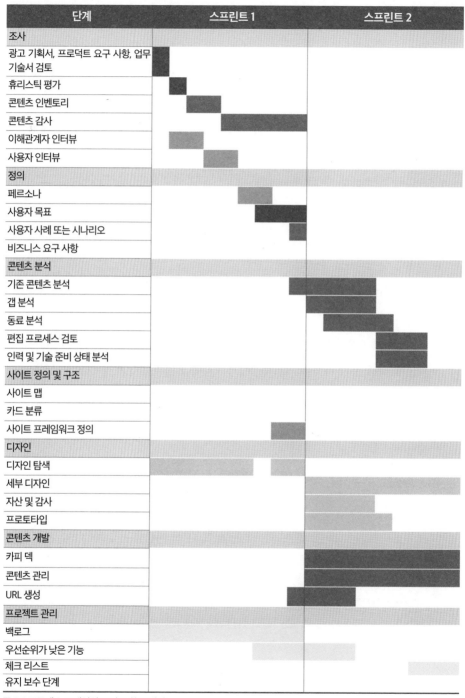

단계	스프린트 1	스프린트 2
조사		
광고 기획서, 프로덕트 요구 사항, 업무 기술서 검토	■	
휴리스틱 평가	■	
콘텐츠 인벤토리	■	
콘텐츠 감사	■	
이해관계자 인터뷰	■	
사용자 인터뷰	■	
정의		
페르소나	■	
사용자 목표	■	
사용자 사례 또는 시나리오	■	
비즈니스 요구 사항		
콘텐츠 분석		
기존 콘텐츠 분석		■
갭 분석		■
동료 분석		■
편집 프로세스 검토		■
인력 및 기술 준비 상태 분석		■
사이트 정의 및 구조		
사이트 맵		
카드 분류		
사이트 프레임워크 정의	■	
디자인		
디자인 탐색	■	
세부 디자인		■
자산 및 감사		■
프로토타입		■
콘텐츠 개발		
카피 덱		■
콘텐츠 관리		■
URL 생성	■	
프로젝트 관리		
백로그	■	
우선순위가 낮은 기능	■	
체크 리스트		■
유지 보수 단계		

표 3.1 프로세스 프레임워크 간트 차트 예시

이 차트는 애자일 접근 방식이 공통으로 적용된 2주간의 스프린트를 기반으로 웹 사이트 개발 프로세스 프레임워크를 전반적으로 보여준다. 그러나 에이전시나 조직이 애자일 접근 방식을 사용하지 않아도 상관없다. 신속한 변화를 위한 애자일 방법론Agile Methodology(변화에 민감하게 대처할 수 있는 개발 방법)을 따르든 워터폴 방법론 Waterfall Methodology(개발 단계가 순차적으로 이루어지는 방법)을 따르든 관계없이 아래의 항목을 놓쳐서는 안 된다.

- 프로덕트 개발 단계
- 각 단계별 지속 기간
- 활동 및 결과물을 책임지는 팀
- 팀들 사이에서 중요한 공통 부분 및 핸드오프

프레임워크 프로세스를 시작할 때 UX 팀 내에서 각 분야 담당자들 즉, 시각 디자이너, UX 리더, 유저 리서처, 개발자들에게 도움을 요청하고 싶을 것이다. 궁극적으로 콘텐츠 전략 실무의 성공을 위해서는 개발 프로세스와 관련된 모든 분야가 중요하다.

핵심 개념 **프로세스 프레임워크와 콘텐츠 라이프사이클**

프로세스 프레임워크가 웹 사이트 또는 사용자 경험을 만들거나 개선하는 데 사용되는 접근 방식을 따르는 것처럼, 콘텐츠 라이프사이클 역시 분석 단계부터 전략, 계획, 생성, 유지 보수 단계에 이르기까지 콘텐츠를 따라간다. 따라서 표 3.1의 간트 차트는 프로세스 프레임워크 단계를 순차적으로 표시하지만, 이 단계들은 순환하는 원형 방식으로도 연결된다. 고객 또는 프로젝트의 요구에 따라 콘텐츠 라이프사이클에서 적절한 단계로 이동할 수 있다. 또한 불필요하거나 적용할 수 없는 특정 단계를 단축하거나 생략할 수도 있다.

프로세스 프레임워크 구성 요소 및 고려 사항

프로세스 프레임워크를 만드는 것은 어려워 보일 수 있다. 하지만 에이전시나 조직이 문서화된 개발 프로세스를 보유했다면 이 프로세스는 전체 개발 프로세스의 일부가 되거나 적어도 콘텐츠 전략 실무를 위한 프로세스 프레임워크를 만드는 데 도움이 될 것이다.

실무 수립의 목표를 가지고 다음 영역에 집중하고자 한다.

- 프로세스 단계
- 각 단계별 결과물
- 단계와 결과물을 담당하는 분야

다음 목록은 프로세스 프레임워크를 만들기 위한 단계별 접근 방식이다. 일부 단계가 적용되지 않을 수도 있고, 여기에는 언급되지 않은 고객이나 조직만의 고유한 단계가 있을 수도 있다. 시각 디자인부터 개발까지 각 분야의 담당자가 참여하고, 프로세스의 중요한 각 단계를 설명한다. UX 디자인에 초점을 맞추다가 점차 콘텐츠 전략으로 범위를 좁히면서 프로세스의 처음과 끝을 계획할 수 있다.

프로세스 프레임워크를 생성하기 위한 단계별 접근 방식은 다음과 같다.

1. 개발 착수부터 출시까지, 에이전시 또는 조직의 웹 사이트 개발 프로세스의 가능한 많은 단계와 일상적으로 수행되는 모든 단계를 서면으로 수집하라.
2. UX 디자인이 담당하는 프로세스 단계에 초점을 맞추어라. 각 단계 내의 세분화 수준은 고객과 프로젝트에 따라 달라질 수 있다. 아직 구체적인 사항에 대해서는 걱정할 필요가 없다.
3. 각 단계를 완료하는 데 필요한 대략적인 시간을 파악해서 타임박스를 할당하라.

4. 색상, 아이콘, 기타 시각적 요소를 사용하여 각 단계를 담당하는 분야를 표시하라. 이는 프로젝트의 범위가 변경되면 바뀔 수 있다.
5. 중복된 프로세스를 파악하라. 예를 들어 팀의 규모가 작은 경우, 이해관계자나 사용자 인터뷰를 수행할 때처럼 효율성을 높이기 위해 협업이 가능한지 또는 특정 단계를 담당하는 분야가 있는지를 확인하라.
6. 웹 사이트 구조를 알리고 데모 제작이 쉬운 환경을 만들기 위해 개발용 사이트 URL 목록을 생성하는 등 단계나 결과물이 바로 보이지는 않지만 데모가 반드시 있어야 함을 기억하라. 동시에 현실과 데모의 격차에 유의하라.
7. 단계의 목록이 완성되면 각 분야의 단계마다 포함되는 결과물의 목록을 생성하라.

프로세스 프레임워크 내에서 사용하는 도구

만약 이제 막 콘텐츠 전략 실무를 수립하기 시작했다면, 프레임워크 내에서 테스트할 수 있고 프로젝트 수준에서 사용하여 실무를 강화하는 데 도움을 줄 몇 가지 도구들이 있다. 건축물의 바닥, 기둥, 보와 같은 이러한 도구들은 프레임워크를 지원하는 동시에 실무를 제대로 수립하고 유지할 수 있게 도와준다.

이러한 도구를 자세히 살펴보기 전에 다음 사항들을 주의해야 한다. 여기서 다루는 도구 중 일부는 도구 사용법을 안내하는 것처럼 느껴질 수도 있다. 여기에서 소개하는 목적은 이미 존재하는 도구를 파악하고, 특정 고객이나 사내 프로젝트 실무에 사용하기에 가장 적합한 도구를 평가하는 방법을 알아보기 위함이다.

웹 사이트 개발 프로세스

내가 받은 두 권의 책 중 하나는 리처드 셰필드Richard Sheffield의 『웹 콘텐츠 전략의 바이블The Web Content Strategist's Bible』이었다. 2009년 처음 출간된 이 책은 웹 디자인 개발 분야의 인기가 높아지고 규모도 성장하고 있을 무렵 셰필드가 테크니컬 라이터Technical Writer(사용자들이 쉽게 이해할 수 있도록 프로덕트나 소프트웨어 정보를 전달해주는 사람)에서 웹 콘텐츠 전략가로 전환한 후에 쓴 책이다.

셰필드는 웹 사이트 개발 프로세스를 제안, 발견, 분석, 디자인, 개발, 테스트, 유지 보수 7단계로 구분하였다.

콘텐츠 전략가의 조언

콘텐츠 전략을 시작할 때 도움이 되었던 참고 도서

내가 처음 콘텐츠 전략 실무를 시작했을 때 사용할 수 있었던 유일한 도구는 다른 에이전시의 프로덕트 매니저가 내게 추천한 책들뿐이었다. 이러한 도구들은 지금까지 내게 큰 도움이 되고 있다. 하지만 처음에 나는 채용 담당자가 요구하는 것이 무엇인지 전혀 눈치채지 못할 정도로 매우 긴장한 상태였다.

하지만 나는 피하지 않았다. 그는 나에게 현재 웹 사이트의 URL과 새로 리디자인하여 준비 중인 웹 사이트의 URL을 알려 주었다. 그리고 그는 내게 두 권의 책을 건네주었다. 하나는 리처드 셰필드Richard Sheffield가 쓴 『웹 콘텐츠 전략의 바이블The Web Content Strategist's Bible』이었고, 나머지 하나는 크리스티나 할버슨Kristina Halvorson의 『웹 컨텐츠 전략을 말하다』이었다. 두 권 모두 하이라이트 표시를 해둔 곳이 많았다. 이 페이지들은 내가 당면한 과제를 설명하는 부분이었다. 이 책들은 내가 실무를 수립하는 데 도움을 주었고, 지금까지도 계속 사용하고 있는 도구 모음 중 일부이다. 그리고 이 도구들은 분명 여러분의 실무에도 도움이 될 것이다.

웹 사이트 개발 프로세스는 콘텐츠 전략가가 새로운 디지털 환경을 구축하거나 웹 사이트 또는 애플리케이션을 재설계하거나 기존의 환경에서 기능을 추가할 때 유용하다. 셰필드가 책에 언급한 것처럼 '콘텐츠 전략은 웹 사이트 개발을 위한 전체적인 콘텐츠 개발 프로세스를 정의하는 반복 가능한 시스템'[7]이라는 것을 보여주고, '완전한 콘텐츠 전략이 어떻게 더 정확한 계약, 더 높은 수익성, 더 나은 비용 효율성을 가진 프로젝트로 전환되는지'[8]를 보여줄 수 있다.

웹 콘텐츠 전략

크리스티나 할버슨Kristina Halvorson과 멜리사 라흐Melissa Rach의 『웹 컨텐츠 전략을 말하다』는 모든 콘텐츠 전략가를 위한 필수 도구이자 기본서이다. 이 책은 다음과 같은 정보를 포함하여 콘텐츠 전략을 수립하는 데 도움이 될 것이다.

- 콘텐츠 전략의 연구, 개발, 구현 단계를 위한 확장 및 재구성된 프로세스와 도구
- 콘텐츠 전략이 다양한 규모의 조직에 미치는 영향을 조사한 최근 사례 연구
- 콘텐츠와 관련된 여러 분야가 협업하는 방식에 대한 조사
- 직면할 수 있는 장애물과 콘텐츠 전략 분야가 지속해서 발전할 수 있는 방법에 대한 논의[9]

이 책의 또 다른 핵심은 경영진, 이해관계자, 팀원은 물론 협업하는 다른 파트너들이 콘텐츠 전략이 어떻게 수행되는지를 쉽게 이해할 수 있도록 작업 단계를 시각화한 것이다. 그리고 프로젝트와 프로젝트 간에, 고객과 고객 간에 반복적으로 적용이 가능한 도구의 또 다른 관점을 제공한다.

쿼드quad의 중심에는 콘텐츠가 비즈니스 목표를 달성하고 사용자 니즈를 충족하

---

7 Richard Sheffield, The Web Content Strategist's Bible (Atlanta, GA: CLUEFox Publishing, 2009), 35.

8 Richard Sheffield, The Web Content Strategist's Bible (Atlanta, GA: CLUEFox Publishing, 2009), 36.

9 Kristina Halvorson and Melissa Rach, Content Strategy for the Web, 2nd ed. (Berkeley, CA: New Riders, 2012), 17.

8

는 방법에 대한 핵심 전략이 있다. 그리고 핵심 전략을 달성하는 데 도움이 되는 네 가지 구성 요소가 있다.

콘텐츠 구성 요소   인력 구성 요소

그림 3.1 콘텐츠 전략 쿼드

- **본질**Substance: 사용자 니즈를 충족하고 비즈니스 목표를 달성하는 데 필요한 콘텐츠를 식별
- **구조**Structure: 콘텐츠를 구성하고 콘텐츠의 우선순위를 정하는 방법을 설정
- **워크플로**Workflow: 핵심 콘텐츠 전략 수립 및 유지에 필요한 프로세스와 도구
- **거버넌스**Governance: 핵심 콘텐츠와 관련된 의사 결정과 책임을 문서화

다시 한번 말하지만 셰필드가 소개한 웹 사이트 개발 프로세스 7단계와 마찬가지로, 쿼드의 구성 요소는 콘텐츠 전략 실무에서 반복하여 사용 가능한 도구를 나타내는 것이며 다른 사람들이 콘텐츠를 가치 있는 비즈니스 자산으로 인식하는 데 도움을 준다. 이것은 조직이 콘텐츠 이니셔티브의 우선순위를 정하고, 실무를 간소화하

며, 리소스의 효과적인 사용을 촉진하는 데 도움이 된다.[10]

콘텐츠 전략 프로젝트 라이프사이클

케빈 P. 니콜스Kevin P. Nichols의 『기업 콘텐츠 전략: 프로젝트 가이드Enterprise Content Strategy: A Project Guide』는 큰 규모의 조직에서 일하는 콘텐츠 전략가들을 위해 쓰였지만, 나는 이 내용이 모든 조직 규모의 콘텐츠 전략 업무에 적용될 수 있다고 생각한다.

나는 2014년 10월 IDWInformation Development World 프레젠테이션에서 우연히 니콜스의 슬라이드를 발견했다. 더 큰 규모의 조직으로 이직해 시니어 콘텐츠 전략가로 근무했을 때, UX 디자인 팀의 콘텐츠 전략가들이 우리와 마케팅 담당자 사이의 지식 격차를 해소하는 데 사용할 만한 콘텐츠 전략 접근 방식을 찾아 달라는 요청을 받았다. 특히 우리는 콘텐츠 전략 방법론이 어떻게 마케팅 측면에서 콘텐츠 전략가들이 수행하는 작업과 서로 상호 보완적이면서도 구별될 수 있는지를 보여주기 위한 접근 방식과 시각적 요소를 찾고 있었다.

니콜스의 프레젠테이션, 특히 11번 슬라이드는 우리의 니즈를 정확히 충족시키고 있었다. 그것은 5단계 접근 방식을 시각적이고 동시에 언어적으로 설명하고 있었다. 아래의 그림 3.3은 그 슬라이드를 수정한 것으로, 니콜스가 프레젠테이션에서 강조한 5단계를 보여준다. 니콜스가 제시한 다음 5단계는 UX 팀의 애자일 프로세스에도 적용할 수 있다.

---

10 Kristina Halvorson and Melissa Rach, Content Strategy for the Web, 2nd ed. (Berkeley, CA: New Riders, 2012), 27.

그림 3.2 콘텐츠 전략 실무 5단계

이러한 접근 방식을 활용하여 마케팅 담당자와 원활한 대화를 진행할 수 있었다. 그리고 비즈니스 목표와 사용자 니즈를 충족하는 콘텐츠 전략을 제공할 수 있도록 프로세스의 모든 단계에서 이해관계자와 다기능 팀원들을 포함하고 실무를 강화하는 데 도움이 되었다.

니콜스의 프레젠테이션과 5단계 접근법은 빙산의 일각에 불과했다. 2015년 니콜스의 책이 출간됐을 때, '누구에게나 가장 좋은 방법의 체크 리스트로서' 시작되었다.[11] 여기에는 그가 콘텐츠 전략 프로젝트 라이프사이클이라고 부르는 8단계 접근법이 포함되어 있다(그림 3.4 참조).[12]

---

11 Kevin P. Nichols, Enterprise Content Strategy (Laguna Hills, CA: XML Press), 7.

12 Kevin P. Nichols, "The Next Generation of Content Strategy: Omnichannel, Performance-Driven Content, Content Marketing", 2024.10.25, www.slideshare.net/kpnichols/next-generationofcontentstrategyomnichannelperfomancedrivencontentkevinp-nichols.

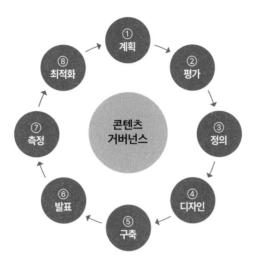

그림 3.3 콘텐츠 전략 프로젝트 라이프사이클 8단계

　이 닫힌 원형 고리의 다이어그램은 콘텐츠 거버넌스가 중심이다. 평가 단계가 시작되기 전에 적절한 계획 수립을 위한 시간을 확보하기 위해 전략적으로 3가지 단계를 추가한다. 콘텐츠 게시 전 구축에 걸리는 시간과 콘텐츠 성능을 최적화하기 위해 콘텐츠 성능을 측정하는 데 소요되는 시간까지 강조한다.

　만약 프로젝트 수준에서 추가적인 단계를 포함한다면 대규모로 콘텐츠를 관리하는 곳을 세분화하는 전략적 접근 방식을 시각적으로 설명하는 데 도움이 된다. 이러한 단계를 포함하면 고객들은 콘텐츠 전략이 한 번에 여러 분야를 모으고 구축할 수 있을 정도로, 유연하고 민첩하게 수행되는 반복 가능한 프로세스임을 알 수 있을 것이다. 또한 조정 및 확장 가능한 접근 방식을 적용하여 모든 규모의 고객과 프로젝트에 어떤 가치를 가져올 수 있는지 이해관계자들에게 보여줄 수 있다.

프로세스 프레임워크 테스트: 장력 및 압력

건축물이 서 있기 위해서 건축물의 구조와 같은 프레임워크가 필요하듯이, 콘텐츠 전략 실무도 견뎌야 할 지속적인 장력과 압력 아래서 프로세스 프레임워크를 유지하기 위해 필요한 요소가 있다.

프로세스 프레임워크의 이점

에이전시에서 웹 사이트를 리디자인하는 작업을 진행하면서 시각 디자인이 개발 단계로 넘어갈 준비가 되었을 때, 고객의 변심으로 몇 차례 이상 변경해야 하는 문제가 있었다. 하지만 시각 디자이너 및 UX 리더와 함께 프로세스 프레임워크를 스케치하는 시간을 갖는 것이 소유권, 협력 관계, 분야 간 책임 및 핸드오프를 명확히 정의하는 데 도움이 되었다. 견고한 프로세스 프레임워크를 개발하여 착수부터 출시까지 이정표대로 진행할 수 있었다.

그리고 프로젝트가 끝나갈 무렵 웹 사이트 리디자인 프로젝트에 관심이 있는 고객이 추가로 있다는 것을 들었다. 그들은 콘텐츠 전략이 리디자인 프로젝트에 어떤 도움이 되는지에 대해 더 많은 것을 알고 싶어 했다. 그래서 각 고객사 사이트에서 샘플 재고 및 내용에 대한 감사를 수행하고 조사 결과를 발표한 후, 두 프로젝트를 모두 진행하기로 했다. 이를 통해 프로세스 프레임워크의 강도와 내구성을 테스트할 기회가 두 번 주어진 셈이었다.

장력

장력Tension은 건설 현장에서 건축 자재를 당기거나 늘릴 때 발생한다. 콘텐츠 전략 실무 수립 과정에서 본다면 실무 수립에만 집중하는 것이 허용되지 않고 콘텐츠 전략 영역 밖에 있는 다양한 영역의 작업을 수행하도록 요청받으며 장력이 미치는 상황에 직면할 수 있다. 또는 중소기업이나 대기업에서 사내 실무를 수립하는 데 중점을 둔 상황이라면, 기반을 다지기도 전에 추후 관리할 것으로 예상되는 프로젝트의 수와 유형에 따라 다른 방향으로 향하고 있을 수도 있다.

예를 들어, 웹 사이트 업데이트 및 리디자인을 위해 새로운 콘텐츠 관리 시스템 CMS로 이동하는 다수의 고객들을 보유한 에이전시에서 근무하는 경우, 콘텐츠 전략가로서 CMS를 사용하는 방법에 대해 고객의 사내 콘텐츠 팀을 교육하거나 CMS 사용자 가이드를 개발하라는 요청을 받을 수도 있다. 많은 대기업이 이러한 작업을 콘텐츠 운영을 통해 내부적으로 처리한다. 실제로 내부 비즈니스 프로세스이거나 또는 보안상의 문제가 있을 수 있으므로 사내에서 처리하는 것이 가장 바람직하다. 그러나 이러한 요청을 처리할 다른 사람이 없다면, 교육 자료를 만들어야 한다는 이유로 콘텐츠 전략 실무 수립이 중단될 수 있다.

아니면 경영진이 브랜드의 소셜 미디어를 강화하기로 결정했을 수도 있다. 이때 '콘텐츠를 하는 사람'이라는 이유로 기사 작성이나 소셜 미디어 게시물 관리 및 관련 마케팅 자료 준비와 같은 마케팅 업무를 담당해 달라는 요청을 받게 된다. 결국 이 작업은 '콘텐츠'와 '전략'을 모두 포함하는 일이기 때문에 요청하는 사람들 입장에서는 담당자 한 명의 일이라고 여길 수도 있다. 누군가는 이러한 요소들이 브랜드의 전반적인 콘텐츠 전략의 일부로서 정당하게 고려되어야 한다는 주장을 제기할 수 있다. 그러나 이러한 일들은 수립하려는 UX 중심 콘텐츠 전략 실무의 핵심이 아니다.

이러한 종류의 장력은 실무의 핵심, 즉 콘텐츠 전략의 기능을 보호하는 것에서 멀어지게 만든다. 카피라이팅을 넘어서는 UX의 모든 단계에서 콘텐츠에 대한 전략적 접근 방식을 구축한다면 비즈니스 목표와 사용자 니즈에 균형을 맞추고, 전반적인 UX를 지원할 수 있다.

만약 이전 장에서 설명한 콘텐츠 전략 실무의 윤곽을 파악하는 일을 완료했다면 두려워할 필요가 없다. 장력을 완전히 피하기는 어렵지만, 곧 이러한 일회성 요청과

산만한 상황을 활용해 외부의 사람들에게 그들이 요구하는 것이 수립 중인 콘텐츠 전략 실무와 어떻게 구별되는지 보여줄 것이다.

그리고 필요한 경우, 목표를 향해가는 과정에서 장력을 받는 상황들이 잠재적으로 얼마나 많은 비용이 드는 일인지를 몸소 보여줄 수 있다. 콘텐츠 전략의 목적은 콘텐츠 전략가가 브랜드의 가치를 명확하게 전달하고 호기심을 갖고 있는 사용자를 장기적인 고객으로 전환하는 일이다. 즉 콘텐츠 전략을 수립할 수 있는 구조를 갖추는 것이다.

또한 콘텐츠 전략에 집중함으로써 프로젝트를 더 정확히 예측하고 범위를 지정하여 비용을 절감하는 데 어떤 도움이 되는지를 알 수 있다. 콘텐츠를 새롭게 만들어야 하거나 기존 콘텐츠가 시각적 디자인을 방해하고 제 기능을 하지 못해 다시 편집해야 하는 경우가 있기 때문이다.

압력

압력Compression은 건설 현장에서 건축 자재가 밀리거나 압착될 때 발생한다. 콘텐츠 전략 실무 수립 과정에서 본다면 외부 부서들의 반발로 나타날 수 있다.

예를 들어, 많은 기업에서는 UX에 초점을 맞춘 콘텐츠 전략이 시각 디자이너, 인포메이션 아키텍트, UX 전문가들과 함께 배치된다. 그리고 애자일 환경에서 UX 실무자는 새로운 프로덕트나 기능을 지원하기 위해 개발, 프로덕트, 스크럼 팀Scrum Team(팀을 중심으로 개발의 효율성을 높이는 모델)과 같은 대규모 팀의 일원이 될 수도 있다.

이런 팀에는 UI/UX 카피라이터가 포함될 수 있지만, 마케팅과 같은 다른 부서와 협력하여 카피라이팅 할 수도 있다. 여기서는 때로 온라인 및 오프라인에서 다양한 커뮤니케이션 채널을 포함하여 잘 확립된 편집 프로세스가 존재한다. 마케팅 업무가 UX 업무와 중복되거나 충돌하는 경우, 구축하고자 하는 구조에 스트레스를 줄 수 있다.

장력이나 압력의 힘에서 벗어나 콘텐츠 전략 실무가 다른 팀의 기능과는 어떻게 다른지를 다루는 프로세스 프레임워크를 구축하는 데 집중해야 한다. 그러면 구조물이 받는 스트레스를 견딜 수 있는 동시에 콘텐츠 전략 실무가 목표한 대로 잘 작동할 수 있다.

다른 고객이나 프로젝트를 통해 프레임워크와 도구를 테스트할 때, 프로젝트 단계에만 배치하는 것처럼 느껴질 수 있다. 기억해야 할 것은 건축물과 마찬가지로, 원룸이나 사무실 같은 공간은 완전한 구조의 그저 일부에 불과하기 때문에 반드시 어느 한 지점에서부터 시작해야 한다는 것이다. 가장 논리적인 출발점은 한 명의 고객이든 사내 프로젝트든 바로 눈앞에 있는 작업이다. 그다음에 더 큰 그림을 떠올려야 한다. 시작한 것을 확장하고 성장시키는 것은 결국 견고한 프레임워크를 만드는 실무라는 사실이다.

따라서 프로젝트의 모든 목표를 제때 달성하고 또한 장력과 압력을 견딜 수 있는 수준까지 프레임워크를 테스트하고 개선한다면, 다른 고객이나 프로젝트를 통해 프로세스를 다시 테스트할 준비가 된 것이다. 이 과정을 통해 콘텐츠 전략 실무 구조를 확고히 해야지만 추가적으로 발생하는 어려운 부분들을 해결할 수 있다.

효율성을 유지하거나 수요에 맞게 확장하기

여기까지 잘 따라왔다. 이제 프레임워크는 완성되었고, 실무 역시 구조를 갖추고 있다. 체계적인 실무 구조 내에서 작업하고 필요한 경우 세부 정보를 정리하여 추가하면 된다. 새로 건축한 공간에 들어가는 가구처럼, 고객이나 조직의 요구 사항에 따라 적절하게 작업물들을 추가하거나 빼야 한다.

지금부터는 무엇을 하면 될까? 실무를 간소화하여 효율적으로 유지함과 동시에 수요에 맞게 확장해야 한다. 또한 콘텐츠에 대한 전략적 접근 방식의 이점을 누릴 수 있는 새로운 고객과 협력할 기회를 사전에 파악해야 한다. 어느 시점이 되면 분명 콘텐츠 전략 실무를 필요로 하는 고객을 만날 수 있을 것이다. 이런 경우, 만약 단독 실무자라면 추가 프로젝트를 전담하는 또 다른 콘텐츠 전략가를 고용하여 수요에 맞게 확장할 수도 있다. 효율성을 유지하든 수요에 맞게 확장하든 이 과정에서 팀원들이 다른 분야에 에너지를 쏟지 않고 함께 성장할 수 있도록 보호하는 것이 중요하다.

콘텐츠 전략가의 조언

테스트 통과하기

새로운 고객을 대상으로 프로세스 프레임워크를 테스트할 기회를 얻었고 여기서 몇 가지 흥미로운 결과를 확인했다. 고객들은 콘텐츠 전략을 포함하는 것을 '부가 가치'로 인식했고, 결과는 긍정적이었다. 하지만 문제도 있었다. 어떤 경우에는 콘텐츠 전략의 각 단계를 완료하는 데 필요한 시간에 대한 이해가 부족하여 광범위하게 확장되는 고객의 디지털 환경을 따라잡기가 거의 불가능했다. 또는 프로젝트 매니저가 고객의 기존 계약 및 예산에 포함될 콘텐츠 전략 작업의 범위를 잘못 전달한 적도 있었다. 비록 프로젝트를 진행하면서 약간의 손해를 입긴 했지만, 결국 애디 어워즈Addy Award(미국광고협회 주관 미국광고대상)를 수상했다.

압력을 견뎌내기

커리어 초기에 온라인 디렉터리 회사에서 근무하며 콘텐츠 전략을 간략하게 접한 이후, 콘텐츠를 좀 더 전략적으로 고려하기 시작했다. 우리의 온라인 디렉터리 웹 사이트는 기업을 대표하는 트레이드마크 색상과 슬로건으로 더욱 눈에 띄게 리브랜딩 되었다. 이 리브랜딩 작업에는 페이지 상단에 걸친 기존의 탐색 구조 외에도, 인기 있는 페이지, 검색 용어, 카테고리에 대한 링크를 특징으로 하는 기본 및 보조 탭과 함께 우리가 트래픽을 유도하고자 하는 사이트 페이지에 대한 링크와 도구 모음 같은 제3의 탭도 포함했다.

이때, 우리의 모회사가 도전장을 내밀었다. 콘테스트를 홍보하기 위해 웹 사이트에서 공간을 찾는 것이었다. 단지 콘테스트뿐만 아니라, 모회사가 상당한 투자와 일부 후원을 했던 유명 국제 행사가 포함된 대규모 프로모션이었다. 우리는 이 일을 제대로 홍보할 필요가 있었다. 여기서 문제는 우리가 가진 기술과 마찬가지로, 웹 사이트도 유연성이 없다는 점이었다. 콘텐츠를 웹 사이트에 빠른 시간 안에 추가해야 할 때 우리는 개발 팀에 급히 요청해야 했다.

하지만 기술의 한계를 다루기 전에, 웹 사이트의 어느 부분에 어떤 종류의 프로모션 콘텐츠를 넣을 수 있는지를 정확히 파악해야 했다. 또한 매번 급하게 요청하지 않고 프로모션 콘텐츠를 적시에 게시하는 방법도 파악해야 했다. 게다가 일부 프로모션에는 다른 기업들이 관여 중이었고 엄격한 시각적 요소와 톤앤매너를 요청하는 관리 위원회도 디지털 솔루션도 웹 사이트에 표시해야 했다. 또한 사용자가 더 자세한 정보를 찾을 수 있는 랜딩 페이지도 제작해야 했다.

요구 사항뿐만 아니라 우리가 수용해야 할 콘텐츠의 종류와 양까지 소화해 내기 시작하면서, 이제는 더 이상 감당할 수 없는 상황이 됐다. 나는 몇 시간 동안 꼼짝 않고 웹 페이지를 응시했다. 그리고 마케터, 시각 디자이너, 개발자와 함께 브레인스토밍, 스케치, 워크숍을 진행했다. 그리고 결국 실패를 인정할 준비를 마쳤을 때 비로소 해결책이 등장했다. 바로 프로모션용 모듈이었다.

일반적으로 시각 디자인 안에는 시각적으로 여유 공간을 마련하는 것이 바람직하지만,

웹 사이트에는 낭비되는 공간이 너무 많아서 최소한의 구성 요소만 갖춘 디자인으로 교체해
야 했다. 두 가지 다른 사이즈로 제공되는 프로모션 모듈을 배치할 영역을 생성해 콘테스트
의 요구 사항을 충족하는 해결책을 떠올렸다. 또한 우리의 해결책은 초기 모바일 애플리케
이션처럼 다른 프로덕트와 기능을 홍보할 수 있는 방법을 제공했으며, 유료 광고를 통해 수
익을 창출할 수 있는 잠재력도 있었다. 그러던 중 워크플로와 거버넌스 문제가 발생했다. 비
록 당시에는 이러한 용어들이 생소했지만, 아래의 내용을 중심으로 구조를 만들 필요가 있
었다.

- 프로모션 공간 요청, 공간 비축
- 비주얼, 텍스트, 기능 등 프로모션 요청 사항 문서화
- 중복을 방지하기 위해 과거 프로모션의 인벤토리 유지 및 향후 프로모션 일정 관리
- 홍보를 위해 사용할 수 있는 상시 사내 프로모션 생성
- 랜딩 페이지와 같은 프로모션 활동의 목적지가 있는지 확인하고 메인 웹 사이트 탐
  색에서 해당 페이지가 어디에 활성화되어 있는지를 확인

작업은 계속되었다. 해결책이 나와 있었지만, 초기 콘테스트가 종료된 후 뒤따른 혼란을
관리하는 방법에 대한 프레임워크가 부재했기 때문에 결국은 복잡한 문제가 야기되었다. 마
케팅부터 모회사까지 모두가 프로모션을 원했다. 결국 이러한 프로모션의 워크플로와 거버
넌스를 운영하기 위한 구조를 떠올렸다. 주요 코드 해제와 상관없이 콘텐츠를 바로 생성할
수 있는 솔루션을 구축한 것이다. 우리 팀은 말 그대로 콘텐츠를 포지셔닝하는 방식을 변화
시켜 반복적으로 사용이 가능한 모듈화된 디자인을 도입했다. 이로써 사용자의 경험을 확장
할 수 있는 솔루션을 발견한 것이다.

체크 리스트

이 장에서 다루는 프로세스 프레임워크, 콘텐츠 라이프사이클 등 모든 세부 사항들이 복잡하게 느껴진다면 숨을 돌리고 한 걸음 물러서서 다음을 기억하라.

- ☑ 고객이나 프로젝트의 고유한 니즈를 수용하기 위해 세부적인 단계를 조정해야 할 수는 있지만, 대부분의 경우 프로세스 프레임워크는 크게 변경되지 않는다.
- ☑ 프로세스 프레임워크를 테스트하고 프레임워크 내에서 다양한 도구를 테스트할 때 시행착오가 발생할 것이다. 여러 번 테스트할수록 무엇이 작동하고 또 무엇이 작동하지 않는지를 더 빨리 알 수 있다.
- ☑ 모든 고객과 프로젝트는 비즈니스 목표와 사용자 니즈가 충족되도록 떨어져 있는 점들을 전략적으로 연결하여 UX, 시각 디자인, 개발을 보완하는 것으로서 어떤 콘텐츠 전략 실무가 도움을 가져오는지 보여줄 기회를 제공하는 것이다.

여기에서 목표는 꾸준히 지속하는 것이라는 점을 기억하라. 장력과 압력을 견딜수 있는지 콘텐츠 전략 실무의 강도를 테스트하고 필요한 부분을 조정하는 것은 내구성과 영구성을 보장하는 데 큰 도움이 될 것이다.

CHAPTER 4

콘텐츠 전략의 확장

사람들의 눈에 띄는 간판이나 시각적 단서를 포함하여 잘 지어진 건축물이나 공공장소처럼, 좋은 콘텐츠 전략은 사용자가 디지털 경험 안에서 자신이 어디에 있는지 파악할 수 있도록 명확한 피드백과 단서를 제공함으로써 길을 찾을 수 있도록 돕는다. 그림 4.1에 표시된 이미지처럼 쇼핑몰의 "당신의 현재 위치는 여기입니다." 라는 표지판을 떠올려 보라.[13]

그림 4.1 제이콥 닐슨Jacob Nielsen의 휴리스틱, '시스템 상태에 대한 가시성Visibility of System Status'

이는 사용자가 자신의 위치가 어디인지를 파악하는 데 도움을 줄 뿐만 아니라 다음으로 취해야 할 최선의 조치를 결정하는 데 도움이 된다.

이와 같은 맥락에서 콘텐츠 전략 구축 과정 중 현재 어느 위치에 있는지 잠시 알

---

13 Jakob Nielsen, "10 Usability Heuristics for User Interface Design", Nielsen Norman Group, 2020.11.15.

아보자. 1장 '콘텐츠 전략을 위한 블루프린트'에서는 콘텐츠 전략 블루프린트를 구성하는 다섯 가지 구성 요소를 소개했다. 이 구성 요소들을 종합하면 비즈니스 사례를 만드는 데 도움이 될 것이다. 2장 '조직적 협력 관계 구축'에서는 지속적인 교육을 통한 협업의 중요성에 대해 설명했다. 3장 '프로세스 프레임워크'에서는 프로세스 프레임워크를 구축하는 방법에 대해 배웠다. 다음은 어디로 가야 할까? 이번 장에서는 지속 가능성에 초점을 맞추어 왜, 언제, 그리고 어떻게 실무를 성장시켜야하는지를 알아보자.

성공적인 성장 및 확장의 첫 번째 규칙은 다기능 팀 동료와 부서별 파트너를 프로세스에 계속 포함하는 것이다. 또한 프로세스의 초기 단계에서 발생하는 갈등 지점을 식별하고 평가하여 규모를 확장하거나 축소하기 전 해결책을 찾기 위해 협력할 수 있다. 그리고 기존 프로세스 프레임워크에 균열이 있어 유지 보수가 필요한지 확인할 때는 반드시 다기능 팀 동료와 부서별 파트너의 도움을 받아야 한다. 이는 팀은 물론 파트너십을 맺고 있는 타 부서의 기능과 운영에 영향을 줄 수 있는 실무 규모와 범위에 대한 변경 사항을 전체적으로 공유하는 데 도움이 된다.

핵심 개념 성장 VS. 확장

이 장에서는 성장growing과 확장scaling이라는 용어가 자주 등장하고, 이 두 용어는 서로 호환되어 사용되기도 한다. 비슷한 용어로 확대expansion라는 단어도 있다. 여기에서 사용되는 성장이나 확장이라는 단어의 기본적인 의미를 이해하고 있는 것이 도움이 될 것이다. '성장growing'은 연속적으로 발생하며, 보통 수익 증가를 위해 더 많은 자원을 필요로 한다. '확장scaling'은 점진적으로 발생하며, 이러한 반복적인 변화가 프로덕트나 서비스에 긍정적인 영향을 미쳐 수익이나 다른 성과 척도를 높인다. 복잡한 것은 '확장 가능한 성장scalable growth'과 같이 두 용어를 결합하는 개념이다. 하지만 명확한 설명을 위해 해당 개념은 여기서 살펴보지 않을 것이다.

왜 확장하는가?

주거용 혹은 상업용 건축물의 소유자가 건축물을 수리하거나 확장하기를 원하는 이유는 무수히 많다. 주거용 건축물의 소유자는 성장하는 가족 구성원을 수용하기 위해 침실이나 욕실이 추가로 필요할 수도 있고, 상업용 건축물의 소유자는 주요 세입자의 직원이 늘어나면 더 수용해야 할 공간이 필요할 수도 있다. 주거용과 상업용이 혼합되어 있는 경우에는 다른 건축물 소유자와의 차별화된 경쟁력을 유지하기 위해 앞서 언급한 변화들에 적응할 수 있어야 한다.

그렇다면 이러한 사례들이 콘텐츠 전략 실무를 확장하는 것으로 어떻게 해석할 수 있을까? 가족 구성원이 성장하거나 직원들이 증가하는 사례는 고객 또는 프로젝트 수요의 증가를 의미한다. 구역을 재조정하는 사례는 모바일 대화 인터페이스 또는 기타 장치를 포함하도록 확장하기 위해 웹 사이트 개발을 중심으로 구축된 콘텐츠 전략 실무의 필요성을 상징한다.

다만 위와 같은 확장의 필요성이 있더라도, 콘텐츠 전략 실무를 확장하기 전에 먼저 시기와 이유를 파악해야 한다. 그렇다면 무엇을 해야 하는가? 현재의 콘텐츠 전략 실무가 확장을 견딜 수 있는지 구조적 평가를 수행해야 한다.

1인 기업, 중소기업, 대기업의 정의

이 책은 1인 기업부터 중소기업, 대기업까지 다양한 규모의 콘텐츠 전략 실무를 경험할 수 있도록 돕는다. 하지만 실제 조직에서는 특정 실무가 조직 규모에 딱 들어맞지 않는 경우도 있다. 표 4.1은 조직 규모에 따라 각 실무 유형이 어떻게 나타나는지, 경계가 어디에서 흐려지는지를 보여준다.

실무 유형	1인 기업	중소기업	대기업
실무자 수	1~2인 (고객의 요구를 수용하기 위해 일시적으로 확장 가능)	3~5인	5인 이상의 실무자, 때로는 소규모의 독립적인 '실무 유닛unit'으로 구성된다.
서비스를 제공하는 사업부 또는 팀의 수	UX 팀 같은 단일 사업부 내에 위치한다. 규모가 더 작다면, UX 팀의 일부일 수도 있고 편집 팀 그 자체일 수도 있다.	특정 고객 또는 브랜드 프로젝트 팀에 배정된다. 또는 UX 팀, 편집 팀, 하이브리드 UX 마케팅 팀의 일부일 수도 있다.	특정 프로덕트 또는 사업 부문에 할당된다. 소규모 단위로 '전문가 조직' 또는 '실무 모델 공동체'라는 전제하에 함께 모여 한 가지에만 집중한다.

표 4.1 조직 규모에 따른 실무 유형

구조적 내구성의 평가

건축 분야에서는 변화와 성장을 수용하기 위해 구조를 바꾸는 몇 가지 방법이 있다. 기존 구조물에 두 번째 층을 추가할 수도 있고, 구조물 내부 공간을 확장하여 증축할 수도 있다. 전자의 경우, 추가 층을 올렸을 때 증가하게 될 하중을 견딜 수 있는지 확인하기 위해 구조적 내구성을 평가해야 한다. 후자의 경우, 증축한 공간이 기존의 구조에 미칠 부정적인 영향을 사전에 방지하기 위해 마찬가지로 구조적 내구성을 평가해야 한다.

이와 유사한 방식으로 고객과 프로젝트에 대한 추가 수요에 맞추어 확장을 수용할 수 있을지 판단할 수 있다. 또한 어떤 조직 규모에서 콘텐츠 실무를 구축했는지에 따라 확장이 어떤 것을 의미하는지 알 수 있다. 표 4.2를 통해 조직 규모에 따른 빌딩업building up과 빌딩아웃building out 실무 유형에 대해 확인할 수 있다.

실무 유형	1인 기업	중소기업	대기업
빌딩업	에이전시의 계약 기간 동안 콘텐츠 팀에 실무자를 추가한다.	특정 사업부에 실무자를 추가하고, 실무가 어떻게 수행되는지를 파악하기 위한 단독 역할로도 활용한다.	주요 비즈니스 라인에 '실무 유닛' 단위를 추가한다. 이는 콘텐츠 디자인과 제작 VS. 콘텐츠 구조와 모델 생성과 같이 서로 다른 곳에 중점을 두고 실무를 수행할 수도 있다. 하지만 모든 팀은 함께 '전문가 조직' 또는 '실무 모델 공동체' 하에 함께 모인다.
빌딩아웃	증가하는 고객 수요를 수용하고 더 큰 프로젝트를 처리할 수 있는 실무자를 추가하거나, 프로젝트의 타당성 및 일정에 대해 회계 팀에 조언할 수 있는 실무자를 추가한다.	사내 프로젝트 수요를 수용하기 위해 실무자를 추가하거나, 애자일 릴리스 트레인 Agile Release Train(합리적 결정을 내리기 위해 여러 팀을 모으는 것)에 실무자를 추가한다.	사내 프로젝트 수요를 수용하기 위해 실무자를 추가하거나, 특정 모바일 애플리케이션 또는 AI 프로젝트를 전담하는 팀에 실무자를 추가한다.

표 4.2 조직 규모에 따른 빌딩업과 빌딩아웃 실무 유형

구조적 내구성에 대해 평가하는 다양한 방법이 있다. 이 방법을 통해 성장 또는 확장이 가능한지 확인할 수 있다. 하지만 UX 중심의 콘텐츠 전략이기 때문에 실무 구조를 분석하고 문제점을 파악하기 위해서 UX 방법론을 적용해 보는 건 어떨까. 고객 여정 지도와 서비스 블루프린트 모델을 통해 살펴보자.

고객 여정 지도를 활용한 실무 운영의 확장

고객 여정 지도는 사용자가 프로덕트와 상호 작용할 때 선택하는 경로를 시각적

으로 파악하여 사용자의 경험을 개선하는 도구이다. 프로세스는 순수하게 최종 사용자의 관점에서 이루어지고, 사용자가 선택한 경로뿐만 아니라 사용자가 프로세스를 어떻게 느끼는지도 관찰한다. 콘텐츠 전략 실무를 확장할 때 최종적으로 이 고객 여정 지도를 적용해 보자. 표 4.3는 그 예시를 보여준다.

여정을 떠나는 건 누구인가?	여정을 통해 실무를 확장하는 방법에 관하여 무엇을 배울 수 있는가?
콘텐츠 전략가	콘텐츠 전략 실무 구축 과정에서 콘텐츠 전략가의 여정을 따라간다. 혼란, 갈등, 저항 등이 발생한 지점들이 어디인지 확인하고 해결 방법과 함께 기록한다. 편향되지 않은 정보를 위해서 팀원 및 다른 사람에게 의견을 구한다. 그 내용을 바탕으로 잠재적인 장애물을 파악하면 된다. 실무자를 추가하거나 도구와 기술을 확보하거나 프로젝트 수를 늘리는 방법을 모색하거나 그 무엇이든 상관없다.
다기능 팀원	콘텐츠 전략 실무 구축 과정에서 다기능 팀원의 여정을 따라간다. 이전 여정과 유사하게, 실무 구축으로 업무에 영향을 받은 사람들의 관점에서 서로 갈등이 생기거나 결속력이 부족한 부분을 파악하기 위해 노력해야 한다. 새로 발견한 내용을 적용해 갈등 상황을 해결할 수 있다. 또한 프로세스 프레임워크 점검, 핸드오프 수정, 효율적인 협업 기회 창출 등이 갈등을 줄이고 원활하게 확장하는 데 도움이 될지를 파악해야 한다.
부서별 파트너	다기능 팀원들의 접근 방식과 유사하게, 콘텐츠 전략 실무 구축 과정에서 실무와 인터페이스가 상호 작용하는 것이 어땠는지 부서별 파트너의 여정을 따라간다. 여기서 목표는 갈등과 긴장을 파악하고, 찾아낸 방법이 문제를 해결했는지 확인하는 것이다. 부서별 파트너와 함께 탐색할 수 있는 이해 경로를 찾고, 파트너가 실무의 확장을 지원하는 프로세스를 더 잘 이해할 수 있도록 다리를 놓을 기회를 파악해야 한다.

표 4.3 고객 여정 지도를 활용한 실무 확장 방법

고객 여정 지도는 개인 사용자와 실무자들의 여정을 분석하여 콘텐츠 전략가에게 가치 있는 정보를 전달하지만, 궁극적인 목표는 실무자들에게 공통적인 접근 방식을 활용하여 참여를 장려하고 실무의 성장 및 확장 경로를 파악하도록 돕는 것이다.

서비스 블루프린트 모델을 활용한 실무 운영의 확장

고객, 브랜드, 디지털 공간에서의 상호 작용, UX에 중점을 두는 것이 고객 여정 지도라면 서비스 블루프린트 모델은 고객의 행동을 지원하기 위해 조직의 브랜드가 수행하는 활동을 구체적으로 그린다. 어렵게 생각하지 않아도 된다. 이 아이디어는 결코 서비스 디자인 전문가가 되라거나 완벽한 서비스 블루프린트를 만들라는 것이 아니다. 대신 서비스 블루프린트 작성하는 단계를 따라가다 보면 실무를 확장하기 전에 강화해야 할 분야와 부서 간의 핸드오프를 밝혀낼 수 있다.

G.린 쇼스탁G. Lynn Shostack이 《하버드 비즈니스 리뷰Harvard Business Review》에 발표한 기사 〈구현하는 서비스 디자인Designing Services That Deliver〉[14]에서 "서비스 블루프린트를 통해 기업은 서비스를 생성하거나 관리하는 데 내재된 모든 문제를 살펴볼 수 있다."라고 말했다. 쇼스탁에 따르면 이러한 문제 중 일부는 다음과 같다.

- 프로세스 파악
- 실패 지점 분리
- 타임프레임 설정
- 수익성 분석

쇼스탁은 특히 서비스 블루프린트 작성에 시간과 자원을 투자해서 "창의성, 선제적인 문제 해결, 통제된 구현을 장려하라. 그렇게 하면 실패 가능성을 줄이고 새로운 서비스를 효과적으로 할 수 있는 경영진의 관리 역량을 향상할 수 있다."라고 했다. 마찬가지로 표 4.4처럼 실무 규모와 운영을 성장시키거나 확장할 수 있다.

---

14 G. Lynn Shostack, "Designing Services That Deliver", Harvard Business Review, 1984.1.

실무 유형	1인 기업	중소기업
프로세스 파악	프로세스 프레임워크를 사용하는 도구와 함께 검토하여 실무에서 제공하는 서비스의 잠재적인 차이를 살펴보라. 이를 통해 프로세스의 누락된 부분이 드러날 수 있다.	• 실무 프로세스는 디지털 프로덕트 개발 프로세스 안의 중대한 고비 시점에 명확한 접점을 포함하고 있는가? • 실무가 간접적으로 영향을 미치는 다른 팀이나 부서가 프로세스에서 제외되었는가?
실패 지점 분리	다기능 팀의 동료들을 대상으로 조사를 실시하고 프로젝트를 복기하여 프로세스의 실패 지점을 파악하라. 여기에는 분야 간에 전달을 누락하거나, 프로젝트 일정을 연장해야 하는 중요한 프로세스를 간과하는 것도 포함될 수 있다.	• 어디에서 프로세스를 강화할 수 있는가? • 기존 실패 지점은 어떻게 복구할 수 있는가? • 실패할 가능성은 어디에 있는가? • 잠재적인 실패 지점이 확인되면 어떻게 강화할 수 있는가?
타임프레임 설정	실무의 타임라인에 영향을 받을 수 있는 프로젝트 매니저 및 기타 담당자들과 함께 확인하라. 과거 프로젝트를 살펴보고 실무 프레임워크 내에서 이정표에 할당된 타임프레임을 조정 필요가 있는지를 확인하라.	• 소규모 실무를 위한 기준선과 대규모 프로젝트를 처리하기 위한 확장된 기준선을 설정할 수 있을 만큼 충분한 프로젝트를 실무에서 처리했는가? • 다양한 규모의 노력에 대한 '완료' 정의는 어떻게 설정할 수 있는가?
수익성 분석	에이전시 기반의 실무인 경우, 수익성은 콘텐츠 전략 서비스를 포함하는 계약의 수가 증가하는 것처럼 보일 수 있다. 사내 실무인 경우, 수익성을 확보하기 위해 자체적인 예산을 담당하는 프로덕트 오너에게 자문을 제공하는 것을 고려해야 한다. 이는 '효율성 향상' 또는 '출시 지연에 따른 시간 절약으로 표현할 수 있다.	• 에이전시 기반의 실무인 경우, 실무에 할당된 비용이 관련 노력과 비교하면 현실적인가? • 비교 분석을 통해 해당 에이전시가 제공하는 서비스에 대한 비용에 대해 어떤 것을 알 수 있는가? • 사내 실무인 경우, 조직에서는 UX 이니셔티브의 ROI를 어떻게 계산하는가?

표 4.4 서비스 블루프린트 모델을 활용한 실무 확장 방법

확장 경로: 사람 또는 프로세스

콘텐츠 전략 실무를 구축하는 데 필요한 추가적인 리소스를 찾고 있다면 콘텐츠 전략이 무엇을 의미하는지, 실무가 무엇을 포함하는지, 실무를 수행하는 책임자가 누구인지에 대해 여전히 모호할 것이다. 혹은 현재 콘텐츠 전략가라면 콘텐츠 전략과 매우 유사해 보이는 콘텐츠 디자이너, UX 라이터와 같은 이름을 가진 다양한 직

무를 만나게 될 것이다. 왜냐하면 콘텐츠 전략은 다양한 분야와 협력하며 계속 진화하고 확장되어 왔기 때문이다. 콘텐츠 전략 실무에 새로운 인력과 프로세스를 추가할 때, 이것이 실무의 확장에 어떤 영향을 미치는지 이해하는 것이 중요하다. 즉 콘텐츠 전략 실무의 안정성에 대한 피드백을 수집하고 각각의 분야에서 합류한 콘텐츠 실무자를 살펴본 뒤, 실무를 확장해야 한다.

아쉽게도, 이 책은 여러 직무에 대한 상세한 안내서가 아니다. 그러나 실무의 확장을 목표로 한다면, UX 중심 콘텐츠 전략의 영역에 속하는 다양한 역할에 익숙해져야 한다. 그런 다음 이러한 역할들을 포함하여 확장한다면 미래를 대비하는 데 도움이 될 것이다.

프런트 엔드와 백 엔드를 오가는 콘텐츠 전략가

2016년 앤 로클리Ann Rockley는 미국 콘텐츠 마케팅 협회CMI 홈페이지에 〈두 가지 유형의 콘텐츠 전략가가 필요한 이유Why You Need Two Types of Content Strategists〉라는 제목의 기사를 게재했다.[15] 로클리의 글은 시각적으로 콘텐츠 전략가를 '프런트 엔드'와 '백 엔드'(그림 4.2 참조)의 두 그룹으로 나누어 설명했다. 프런트 엔드는 '콘텐츠, 고객 경험'을, 백 엔드는 '구조, 확장성, 기술'을 포함하고 있다.

---

15 Ann Rockley, "Why You Need Two Types of Content Strategists", Content Management Institute, 2016.2.22.

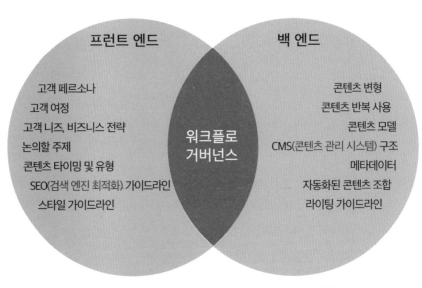

프런트 엔드

고객 페르소나
고객 여정
고객 니즈, 비즈니스 전략
논의할 주제
콘텐츠 타이밍 및 유형
SEO(검색 엔진 최적화) 가이드라인
스타일 가이드라인

워크플로
거버넌스

백 엔드

콘텐츠 변형
콘텐츠 반복 사용
콘텐츠 모델
CMS(콘텐츠 관리 시스템) 구조
메타데이터
자동화된 콘텐츠 조합
라이팅 가이드라인

그림 4.2 콘텐츠 전략가의 프런트 엔드 및 백 엔드 작업 시각화[16]

로클리는 로클리그룹The Rockley Group의 CEO이자 『기업 콘텐츠 관리: 통합 콘텐츠 전략Managing Enterprise Content: A Unified Strategy』의 공동 저자로서 구조화된 콘텐츠 전략을 구축하였다. 또한 콘텐츠 전략을 하나의 학문으로 확고히 하는 데 크게 기여했다. 콘텐츠 전략가들이 프런트 엔드와 백 엔드 사이를 넘나드는 경우가 많다는 점을 감안할 때, 이에 대한 구분이 필요한지 혹은 경계가 존재하는지 궁금할 것이다. 로클리의 분석 중 가장 중점을 두어야 할 부분은 그림 4.2와 같은 콘텐츠 전략가 도식이다. 이 도식은 콘텐츠 전략가의 역량을 점검하는 체크 리스트로도 사용할 수 있으며, 콘텐츠 전략의 내용을 더 세밀하게 파악하는 데 도움이 된다. 이를 통해 실무가 확장됨에 따라 추후 포함될 기능을 파악할 수도 있다.

16 Ann Rockley, "Why You Need Two Types of Content Strategists", Content Management Institute, 2016.2.22.

다른 이름으로 불리는 콘텐츠 전략가

존 콜린스John Collins는 아틀라시안Atlassian의 수석 콘텐츠 설계자이자 콘텐츠 엔지니어이다. 이 타이틀은 그의 일을 매우 구체적으로 보여줄 뿐만 아니라, 콘텐츠 분야에서 그가 지나온 약 20년 동안의 경험을 반영하고 있다. 또한 이 분야에 대한 그의 관점을 분명히 보여준다. 콜린스는 링크드인Linkedin[17]에서 성숙한 학문으로서의 콘텐츠에 대한 글을 썼으며, 테크니컬 라이터에서 현재 위치에 이르기까지 커리어의 연대기를 기록했다. 여기에는 '콘텐츠에서 떠오르는 네 가지 역할'이라 부르는 내용도 포함되어 있다. 표 4.5에는 이러한 역할과 각각에 할당된 책임이 요약되어 있다.

역할	책임
콘텐츠 디자인	• 사용자 니즈를 이해하라. • 사용자 니즈에 맞는 콘텐츠를 생성하거나 선별하라.
콘텐츠 전략	• 콘텐츠가 사용자 니즈를 충족하는 방법을 고려하라. • 보다 체계적이고 높은 수준에서 사용자 니즈에 부합하라. • 비즈니스를 인식하는 관점을 동시에 적용하라.
콘텐츠 운영	• 콘텐츠의 구조와 적용을 체계화하라.
콘텐츠 엔지니어링	• 콘텐츠를 CMS로 가져온 다음 사용자에게 제공하라. • 콘텐츠 엔지니어링은 사람과 프로세스에 관한 것이다. • 워크플로, 품질, 거버넌스, 반복 사용 가능성 등에 중점을 두어라.

표 4.5 콘텐츠와 관련된 네 가지 역할과 책임

이는 끊임없이 변화하고 진화하는 콘텐츠와 관련된 역할을 정의하는 하나의 방법일 뿐이다. 에이전시나 조직의 역할과 책임은 서로 다를 수 있으며, 일부는 현재 존재하지 않을 수도 있다. 그럼에도 표 4.5는 콘텐츠와 관련된 실무자가 기여한 기술들을 살펴볼 수 있다. 또한 콜린스가 제시한 네 가지 역할과 책임은 실무를 확장

---

17 John Collins, "The Maturing Content Discipline", LinkedIn, 2021.6.17.

하는 전략의 일부로 사용할 수도 있다.

여기서 다음의 사항을 고려해야 한다.

- 콜린스의 목록에 있는 역할 중에 처리할 수 있는 실무를 거절하거나 혹은 아웃소싱Outsourcing(업무의 일부를 경영 효율 극대화를 위해 외부에 위탁하는 것) **해야한 적이 있는가?**
- 콜린스의 목록에 있는 역할 중 하나에 해당하는 사람이 있다면, 잠재 고객이나 다른 프로젝트에 참여할 수 있을 것으로 예상하는가?

오래된 고객들을 자세히 살펴보면 의미 있는 정보를 얻을 수 있지만, 결국은 잠재 고객의 니즈를 예측하기 위해 노력해야 한다. 이러한 방식으로 콘텐츠 전략 실무와 관련된 역량들을 추가한다면, 콜린스의 목록을 활용해 확장을 준비할 수 있다.

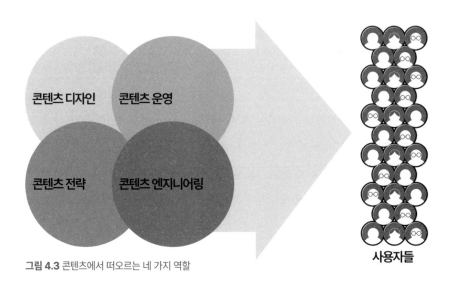

그림 4.3 콘텐츠에서 떠오르는 네 가지 역할

확장을 위한 실무 프로세스의 리툴링

제한된 예산이나 다른 요인 때문에 실무에 더는 인력을 추가할 수 없는 경우, 콘텐츠 전략가는 실제로 실행 가능한 것보다 더 많은 작업을 수행할 수 있다고 기대를 해서는 안 된다. 또 실무 역량을 점진적으로 향상하기 위해 프로세스를 재조정하는 것을 고려해야 한다(7장, '리툴링' 참조). 정규직 직원을 채용하는 것이 불가능한 경우, 계약직 직원을 채용하여 실무 구조를 강화할 수도 있다. 또한 성장을 위한 적절한 속도의 전략을 수립하면 프로젝트 오리엔테이션 및 온보딩이 용이하며, 이는 실무 구조를 더욱 강화하는 또 다른 유형의 프레임워크가 될 수 있다.

표 4.6은 성장의 경로를 문서화하는 방법을 사례로 보여준다. 프로젝트 규모에 따라 콘텐츠 전략 실무가 어떻게 확장될 수 있는지를 알 수 있다. 이는 3장에서 소개한 케빈 P. 니콜스의 5단계 접근법을 바탕으로 한다.

- 콘텐츠 전략 접근 방식, 방법론, 모범 사례(예: 인벤토리, 갭 분석 등)
- 평가, 정의, 디자인, 구현, 최적화 방법을 포함한 작업 단계
- 프로젝트 또는 고객의 유형, 실무 범위에 따라 달라지는 복잡성 요인
- 콘텐츠 엔드 투 엔드 프로세스에 관련된 페이지 및 URL 수

표 4.6은 애자일 기반 조직에서 사용할 수 있으며 티셔츠 사이즈와 스토리 포인트가 포함되어 있다. 티셔츠 사이즈T-shirt Size는 프로젝트의 복잡성과 크기를 나타내고, 스토리 포인트Story Points는 프로덕트 백로그 항목을 구현하는 데 필요한 전반적인 노력의 수준을 측정하여 나타낸다. 표 4.6과 같이 문서화하여 성장의 경로를 한눈에 파악할 수 있다. 하지만 애자일 기반 조직이 아니라면 실제 자신의 조직과 실무에 관련된 방식으로 바꿔 적용해야 한다. 중요한 점은 콘텐츠 전략 실무가 어떻게 확장된 목표를 달성하는 데 도움이 되는지를 다른 사람들에게 보여주는 방법으로 사용하는 것이다.

고려 사항	티셔츠 사이즈 스토리 포인트	XX-스몰 1	X-스몰 2
접근 방식, 방법론, 모범 사례		간단한 콘텐츠 체계와 흐름에 대한 협의, 아이디어 프로세스를 알리기 위한 일회적인 콘텐츠 감사를 요청한다.	프로덕트 및 콘텐츠 파트너와의 보다 철저한 인벤토리 조사, 감사 및 분석 파트너십을 통해 미래 상태 경험을 디자인한다.
작업 단계		평가	평가, 정의
복잡성 요인	브랜드 임팩트, 복잡한 시장 상태에 따른 LOELevel Of Effort(노력의 수준)	낮음	낮음
관련된 페이지 및 URL 수	인벤토리, 감사, 기타 평가에 대한 LOE	1~5 페이지 또는 URL	6~10 페이지 또는 URL

표 4.6 콘텐츠 전략 실무의 확장 프로세스

스몰	미디엄	라지	X-라지
3	5	8	13
프로덕트 및 콘텐츠 파트너와의 보다 철저한 인벤토리 조사, 감사 및 분석 파트너십을 통해 미래 상태 경험을 디자인한다.	인벤토리, 감사, 분석, 향후 의 기능을 지원하기 위한 권장 사항 사용자 연구 참여 및 관찰, 경쟁력 분석 및 구현을 위한 컨설팅을 포함한다.	인벤토리, 감사, 분석, 향후 의 기능을 지원하기 위한 권장 사항 사용자 연구 참여 및 관찰, 이해관계자 인터뷰 및 프레젠테이션, 경쟁 분석, 구현을 위한 컨설팅, 메타데이터 등을 포함하며 반복적인 프로덕트 개발을 지원한다.	킥오프부터 출시 후까지 내비게이션 범주 및 레이블을 포함한 콘텐츠 계획, 생성 및 최적화를 위한 권장 사항에 이르기까지 5단계 CS 프레임워크를 적용한다. 메타데이터, 분류 체계 및 관련 콘텐츠 구조 정보도 포함되며 반복적으로 지원한다.
평가, 정의, 디자인	평가, 정의, 디자인, 구현 (단, 컨설팅만)	평가, 정의, 디자인, 구현 (단, 컨설팅만)	평가, 정의, 디자인, 구현 (단, 컨설팅만), 최적화(출시 후 테스트 및 평가)
낮음에서 중간 정도	중간	높음	높음에서 매우 높음
11~25 페이지 또는 URL	26~75 페이지 또는 URL	76~100 페이지 또는 URL	100~500 이상 페이지 또는 URL

성장을 위한 고통

다시 에이전시로 돌아가 보자. 나는 프로젝트 매니저가 콘텐츠 전략가에게 접근한 방법에 대한 이야기로 이 책을 시작했다. 이는 내가 제시한 콘텐츠 전략의 결과물이 웬만해서는 만족하지 않는 고객에게 대부분 좋은 평가를 받은 후에 생긴 일이다. 콘텐츠 전략의 가치를 확인한 후, 에이전시는 콘텐츠 전략가인 나의 서비스를 다른 고객에게 제공하기로 결정했다. 이는 혼자서 처리할 수 있는 분량보다 더 많은 일을 해야 한다는 것을 의미했고, 그건 또 다른 '나', 즉 콘텐츠 전략가를 고용해야 한다는 뜻이었다.

인벤토리 조사와 감사를 신속하게 시작할 수 있는 콘텐츠 전략가를 찾는 일은 어려웠다. 커리어를 돌아봤을 때 그 시점에 나는 내가 하는 일을 한 마디로 설명하고 홍보하는 방법을 발견하기는커녕 스스로 무엇이라 부를지도 못 정한 상태였다. 당시 나는 유니콘 같은 존재였다. 나와 같은 또 다른 콘텐츠 전략가를 찾는 일은 먼저 팀 내에서 내가 누구인지를 스스로 파악하고, 에이전시의 맥락을 알아야만 가능한 일이었다. 그럼에도 만족시키기 어려운 고객으로부터 받은 긍정적인 반응은 확실히 우리의 자신감을 높여주었다. 그러나 그것은 가장 중요한 질문인 '실무는 확장될 수 있는가?'에 대한 명확한 답은 아니었다.

대답은 무엇일까? 그렇다. 실무는 확장될 수 있다. 우리는 반복하여 사용할 수 있고 확장 가능한 프로세스 프레임워크를 구축했기 때문이다. 그리고 이를 지원하기 위해 향후 콘텐츠 전략 프로젝트에도 적용할 수 있는 일련의 결과물 템플릿을 만들었다. 이러한 단계를 밟아왔기 때문에 우리는 두 번째 콘텐츠 전략가를 영입하고 실무를 성장시킬 수 있는 좋은 시점에 도달했다고 느꼈다. 우리는 많은 지원자들 중에 UX에 대한 기본적인 이해를 보여 준 지원자에게 기회를 주었다. 그렇기에 우리는 그 두 번째 고객을 담당할 수 있었을 뿐만 아니라, 잠재적인 신규 고객에게도 적극적으로 서비스를 제공할 수 있었다.

콘텐츠 전략가를 추가적으로 영입한 후 우리는 신규 고객에게 서비스를 제공했다. 신규 고객은 천연가스 분야의 공익 기업이었고, 브랜드의 메시지를 전달하는 동시에 각 사용자 유형에 대해 유용하고 실행 가능한 정보를 제공하여 1, 2, 3차 사용자를 위한 여정을 만들어야 했다. 초기의 실무 범위는 시각적인 개선에만 중점을 두었지만, 콘텐츠 전략이 프로젝트를 성공시킬 열쇠라고 생각했다. 고객과 이해관계자 모두를 대상으로 '천연가스 라이프스타일'이라는 감각적인 분위기로, 잡지와 같은 접근 방식을 취해 고객에게 시각적으로 어필할 수 있을 것으로 판단했다. 웹 사이트 안에서 사용자의 접근성을 개선시킴과 동시에 심미적인 부분을 추가했다. 이러한 접근 방식의 전환은 긍정적인 결과를 낳았고, 수상까지 할 수 있었다.

하지만 이야기는 여기서 끝나지 않는다. 우리는 훨씬 더 많은 실무를 맡게 되었다. 나는 한 단계 성장하기 전에는 고통이 따른다는 것을 이야기하고 싶다. 까다로운 고객을 만족시키고 수상한 것도 기뻤지만, 다른 것들은 문제가 많았다. 의도치 않게 고객 기대치의 잘못된 관리로 인해 위기에 봉착하기도 했고, 작업의 양은 우리의 능력을 초과하기도 했다. 우리에게는 해당 작업을 성공시킬 충분한 리소스와 시간이 없었다. 그러나 분명한 것은 실무의 한계를 넘어설 수 있는 훌륭한 경험이었다.

다시 말하지만 성장은 어렵다. 잘한 일에 대해서는 보상을 받을 때가 있고 실수한 일에 대해서는 재정비를 해야 할 때도 있을 것이다. 하지만 이러한 혼란을 틈타 성장이 이루어진다.

체크 리스트

콘텐츠 전략 실무를 확장하는 방식에는 여러 가지가 있다. 실무에 전문 인력을 추가할 수도 있고, 기존 프로세스 및 기타 리소스를 개선하여 점진적인 확장을 지원할 수도 있다. 실무를 확장할 때는 다음 사항을 염두에 두자.

☑ 확장으로 인해 늘어나는 하중을 견딜 수 있는지 콘텐츠 전략 실무의 구조적 내구성을 확인해야 한다.

☑ 콘텐츠 전략 실무 확장을 계획할 때, 협업 관계를 유지하고 있는 다기능 팀원과 부서 파트너로부터 피드백을 받아 추가 정보로 활용할 수 있다.

☑ 향후 확장을 대비하여 실무와 관련된 분야의 새로운 변화를 계속해서 인지해야 한다.

☑ 인력을 충원하여 해결할 수 없는 경우, 대규모의 프로젝트를 수용할 수 있도록 사전에 성장 경로를 도표화하여 완화 계획을 수립해야 한다.

콘텐츠 전략 실무를 확장하기 위한 단 하나의 방법은 결코 없다. 준비되기 전부터 확장을 강요하는 대신 증가하는 수요에 대응하며 유기적으로 변화가 발생하도록 허용하는 것이 좋다. 그리고 이 과정에서 점진적인 성장을 도표화하여 준비하는 것이 필요하다. 이러한 계획과 예측은 콘텐츠 전략 실무가 성장함에 따라 겪게 될 성장통을 완전히 예방하지는 못할 것이다. 하지만 이 모든 것이 성장통의 강도를 줄이고 콘텐츠 전략 실무의 탄력성을 높일 수 있다.

CHAPTER 5

성과 측정

건축에서 측정의 중요성은 아무리 강조해도 지나치지 않다. 새로운 구조물이 건설될 부지의 치수를 측정하거나, 기존 구조물의 내구성 및 기타 구성 요소를 평가하여 확장을 견딜 수 있는지 확인하는 것부터 시작한다. 측정의 중요성은 프로젝트를 완료하는 데 필요한 시간과 노동력뿐만 아니라 원자재 비용을 예측하는 것에도 영향을 미친다. 원자재를 정확히 측정하는 것은 구조물이 규격에 맞게 시공되어 궁극적으로는 구조물의 안전성, 완전성, 수명을 보장하는 데 매우 중요하다. 즉 건축에서 측정하는 방식은 콘텐츠 전략의 성과를 평가하고 성공을 측정하는 방법을 제공한다.

콘텐츠 매트릭스를 설정하는 것은 포괄적인 콘텐츠 전략을 실행하는 데 있어서 중요하다. 이탈률, 접속 시간, 작업 시간, 작업 완료 등의 매트릭스는 데이터를 기반으로 하는 콘텐츠 전략의 성능을 측정하는 데 도움이 된다. 그러나 이번 장에서 중점을 두는 것은 실무 수준의 측정값을 설정하고 추적한 다음, 일정 기간이 지난 뒤 조직이나 에이전시나 고객에게 꾸준히 가치를 더하는지 측정 가능한 정량적인 데이터를 확보하는 일이다. 이는 콘텐츠 전략 실무의 건전성과 성공을 측정하는 척도 역할을 할 것이다.

성과를 얻기까지의 과정 시각화

속담에 "끝을 알고 싶다면 시작을 보라."라는 말이 있다. 즉 어디에서 끝나는지에 대해 아이디어를 얻고 싶다면 처음 시작한 곳과 그 과정에서 얻은 모든 것, 특히 성공뿐만 아니라 실패로부터 얻은 교훈을 생각해야 한다.

이 논의의 목적은 성공적인 콘텐츠 전략 실무 과정의 시작과 끝을 모두 다루는 것이다. 단지 콘텐츠 전략 실무 과정의 끝에 놓여 있는 깃발 하나만 향해 나아가는 것이 아니다.

이미 알고 있겠지만, 프로젝트는 시작과 끝을 모두 관리하는 엔드 투 엔드 프로세스에 초점을 맞춘다. 실제로 콘텐츠 전략 실무를 가치 있고 성공적으로 진행하기 위해서는 프로젝트의 끝에 도달한 다음 다시 점검하는 프로세스 프레임워크를 반복해야 한다. 목표는 콘텐츠가 관련성을 유지하면서 중복되는 것을 방지하고 변화하는 시대에 뒤처지지 않도록 하는 것이다. 이는 실질적인 콘텐츠 라이프사이클 모델이며, 이러한 접근 방식은 성과 측정의 기준을 수립하는 데 핵심적인 역할을 한다.

과거를 돌아보고 앞으로 나아가기

앞서 언급한 속담을 길잡이 삼아, 이전 장에서 다룬 내용을 다시 살펴보고 앞으로 남은 내용을 알아보자. 성과 측정 가능성에 중점을 두고, 아래의 내용들이 성과를 내기까지의 과정을 시각화하는 데 어떻게 도움이 되는지 살펴보자.

- **프로세스 프레임워크**: 3장 '프로세스 프레임워크'에서 소개한 프로세스 프레임워크는 콘텐츠 전략 실무를 수립하는 과정에서 가장 중요한 사항 중 하나로, 엔드 투 엔드 프로세스를 보여준다. 여기에는 실무의 내용과 시기가 포함된다. 그리고 프로덕트 개발 과정에서 특정 단계에 참여할 다기능 팀원을 파악한다. 콘텐츠 전략 실무의 성과를 시각화하는 관점에서 보면, 프로세스 프레임워크는 현재 사용되는 문서이기도 하다. 이 문서는 계속해서 업데이트되면서 조직 전체에서 협력 관계를 맺을 새로운 기회를 찾도록 도와준다. 이러한 새로운 기회는 성과의 척도로 간주할 수 있다.

- **서비스 블루프린트**: 4장 '콘텐츠 전략의 확장'에서는 콘텐츠 전략 실무와 다른 분야 간의 접점이나 핸드오프를 밝혀내며 서비스 블루프린트를 수립하는 방법을 소개했다. 이러한 분야 간의 상호 작용도 성과의 척도로 간주할 수 있다. 예를 들

어, 콘텐츠 전략 실무을 수립하는 초기 단계에서는 인벤토리 및 감사와 같은 콘텐츠 전략의 기본적인 실무를 수행하고, 비즈니스 목표 및 사용자 니즈를 충족시키는 콘텐츠를 만들며 큐레이팅하는 일에만 초점을 맞췄을 수도 있다. 그러나 점차 실무의 운영을 확장하면서 협력하는 부서의 수를 늘리거나 콘텐츠 전략 결과물을 만들 또 다른 기회를 발견할 수도 있다. 이 모든 것은 측정 가능하며 성과를 내기까지의 경로를 계획하는 데 중요하다.

· **여정 지도:** 4장 '콘텐츠 전략의 확장'에서 소개한 여정 지도는 다음 단계의 목표를 설정하는 데 사용되는 방법이다. 콘텐츠 전략 실무를 여정 지도로 제작하면 실무 수준의 추가적인 목표를 쉽게 파악할 수 있다. 에이전시에서는 함께 작업한 고객이나 단골로 전환된 고객의 수가 증가한 것으로 성과를 확인할 수 있다. 완료되었거나 새롭게 추가된 프로젝트 수도 여기에 포함된다.

· **로드맵:** 7장 '리툴링'에서 알아볼 로드맵Roadmap은 에이전시나 조직을 어떻게 지원하는지 지도화하는 것이다. 이는 프로덕트나 콘텐츠 개발 이외의 실무에서 수행할 작업에 대한 결정을 내리는 데 사용되는 도구이다. 측정 가능한 성과를 위한 단계를 계획할 때 이러한 로드맵을 잘 관리하면 일상적인 콘텐츠 작업을 넘어 혁신적인 아이디어도 얻을 수 있다. 로드맵에서는 콘텐츠 매트릭스 생성 및 유지, 내외부 고객과 함께 사용할 템플릿 및 관련 문서 작성, 콘텐츠 전략 지식 기반 구축 등 모든 사항을 측정할 수 있으며 무사히 완료된다면 콘텐츠 전략의 전반적인 성공에 반영할 수 있다.

· **플레이북:** 7장 '리툴링'에서 알아볼 플레이북Playbook은 프로세스와 결과물을 모두 포함하여 저장하는 문서로 사용된다. 조직이 성장하고 더 많은 고객을 확보함에 따라 실무가 변경되고 확장될 수 있다. 플레이북은 그 자체로 성과의 척도

로 간주되는 목표이다. 그리고 플레이북을 수정할 때마다 마감일을 지키는 것은 콘텐츠 전략의 성공과도 직결된다.

콘텐츠 전략 실무 구축의 시작 단계를 되돌아보는 이러한 접근 방식은 실무 성공을 측정하는 방법을 명확하게 파악하는 데 도움이 될 것이다.

다음 이야기를 하기 전에, 다시 한번 강조한다. 이 책에서 다룬 많은 주제 및 기술들과 마찬가지로 에이전시 기반 전략의 성공은 큰 조직이나 대기업에서 성공으로 간주하는 것과는 다르게 보일 것이다. 가장 중요한 점은 실무의 성과를 측정하기 위한 다양한 방법이 있다는 사실이다. 그리고 이 장의 후반부에서 다루겠지만, 실패를 확인하는 방법과 이에 대한 올바른 조치도 함께 알아두어야 한다. 이를 현재의 상황에 적절하게 적용하여 성과를 얻기까지의 경로를 추적할 수 있다.

성과를 얻기까지의 방법들

이제 프로세스 프레임워크는 준비되었다. 다기능 팀원이 누구인지, 중요한 핸드오프가 발생하는 장소는 어디이고 시기는 언제인지 파악했다. 다음으로 새로운 파트너십 기회가 있는지 탐색하는 중일 것이다. 아마도 UX 디자인 팀 동료들과 여정지도를 만들거나 서비스 블루프린트 실무에 참여해 규모를 확장하는 기반을 만들 수 있을 것이다. 그럼 이제 이를 어떻게 측정할 것인가? 콘텐츠 전략이 성공적이었을 뿐만 아니라, 성장 및 확장할 준비가 되었음을 수량화하여 보여줄 수 있는 추가적인 방법은 무엇이 있을까? 다음은 실무에 대한 추가적인 성과 척도를 발견하는 데 사용할 수 있는 몇 가지 아이디어다.

콘텐츠 전략에 대한 정기적인 컨설팅 케이던스

콘텐츠 전략가들은 콘텐츠의 문제를 해결한다. 예를 들어, 혼란스러운 정보 구조나 일관성 없는 라벨링 등의 문제점들을 찾는다. 실무가 어떻게 구성되어 있는지에 따라, 콘텐츠 전략가는 조직 전체의 모든 팀에 포함되어 있거나 그렇지 않을 수도 있다. 간혹 콘텐츠 전략과 관련된 충분한 예산을 갖고 있지 않기 때문에 시각 디자이너들이 문제를 해결하는 경우도 많다.

글로벌 기업 실무자들의 조언

콘텐츠 전략 팀의 성과 측정

젠 슈미히 Jen Schmich | 스포티파이Spotify 선임 매니저

젠 슈미히는 콘텐츠 디자인 리더이자, 이후 인튜이트의 콘텐츠 시스템 선임 매니저로서 전략 팀을 구축하기 위한 여정을 처음부터 시작했다. 슈미히는 콘텐츠 전략에 관한 사례를 제시하고 콘텐츠 전략가와 UX 라이터를 차별화시키고 콘텐츠 전략의 관점에서 문제 목록을 파악했다. "우리는 콘텐츠에서 전반적인 문제들을 확인했습니다. 이 문제 목록들 중 어떤 것도 UX 라이터들을 더 고용하는 것으로는 해결되지 않을 것입니다." 그녀는 《미디엄 Medium》에 콘텐츠 전략 팀 수립 과정에 대해 기고하며 해당 목록을 공유했다.[18]
- 콘텐츠의 일관성이 없다.
- 콘텐츠 업데이트가 너무 오래 걸린다.
- 콘텐츠를 찾을 수 없다.
- 잘못된 콘텐츠가 표시될 수 있다.
- 콘텐츠가 불필요하게 중복되어 있다.

---

18 Jennifer Schmich, "This Is How We Built a Content Strategy Team fromthe Ground Up", UX Collective (blog), Medium, 2019.9.3.

- 도구로 인한 오류가 발생하여 시간을 낭비했다.
- 일정이 늦어진다.

슈미히의 콘텐츠 전략 팀 구성 프로세스에는 이해관계자와 협력하는 일도 포함되었다. "궁극적으로 이러한 문제를 해결하기 위해서는 이해관계자와 협력해야 합니다." 결과적으로, 인튜이트의 콘텐츠 전략 팀의 성과는 표 5.1과 같이 콘텐츠 전략 팀이 문제 목록들을 해결하기 위해 수량화한 결과와 같다.

"처음에는 파트너와 프로젝트를 늘리는 것이 중요했습니다. 그러나 점점 목표를 전반적으로 살펴보고, 무엇을 위해 나아갈 수 있는지를 생각했습니다." 슈미히의 콘텐츠 전략 팀은 전반적인 콘텐츠 개선이라는 목표를 수립한 뒤 갈등을 일으키고 비즈니스에 비용을 초래하는 문제에 집중했다. 이 문제들은 팀원들의 커뮤니케이션 부족, 차선의 콘텐츠 관리 시스템 및 프로세스 식별 방식, 콘텐츠 시스템의 폐기, 콘텐츠 통합 및 마이그레이션 등이었다. "인튜이트는 더는 기다릴 수만은 없었습니다. 문제를 해결하지 않아 발생하는 비즈니스 비용이 투자 비용보다 많았습니다."

2년 동안 콘텐츠 전략 팀의 성과	
팀원 0명	팀원 5명
파트너 팀 1팀	파트너 팀 9팀
사업 부문 범위 1개	사업 부문 범위 4개
한 달간 작업 요청 0건	한 달간 작업 요청 33건
콘텐츠 설루션 3개	콘텐츠 설루션 6개 완료 (2개 철회)

표 5.1 인튜이트 콘텐츠 전략 팀의 성과

영역 다툼

처음 커리어를 시작했을 때, 디지털 프로덕트 및 서비스를 생산하는 사람들 간에는 영역 다툼은 존재하지 않는다고 믿었다. 그러나 UX 콘텐츠 전략가, 마케터, 소셜 미디어 크리에이티브 디렉터 등을 포함하여 잠재적으로 계약 관계를 맺을 수 있는 모든 사람들 간에 영역 다툼은 존재했다. 콘텐츠 팀과 함께 오랜 시간 조율해 왔지만, 사용자에게 적합한 최종 프로덕트나 서비스를 만드는 공동의 목표를 위해서 어떻게 협력할 수 있는지에 초점을 맞추기보다는 누가 콘텐츠를 소유했는지, 누가 옳은 방식으로 콘텐츠 전략을 수행하는지에 대한 방향으로만 흘러갔기 때문에 영역 다툼이 생기고 실패를 하기도 했다.

어쩌면 실제로 콘텐츠 전략이 무엇인지, 조직적으로 어느 분야에 속하는지에 대한 초창기의 모호함이 영역 다툼을 만들었을지도 모른다. 그러나 어느 한 분야도 콘텐츠 전략에 대한 완전한 소유권을 행사하지 않으며 행사해서도 안 된다. 콘텐츠 전략을 통해 공동의 경험을 창출하는 데 관련된 다양한 역할을 고려할 때, 그것이야말로 진정 공유된 분야라고 할 수 있다. 그리고 각 분야가 콘텐츠 전략에 접근하는 방식이 다르더라도, 최적의 방법을 찾는다면 궁극적으로 사용자들에게 큰 도움이 될 것이다.

콘텐츠 전략에 대한 교육

만약 실무의 규모가 작거나 확장하기 시작한 지 얼마 안 됐다면, 다른 부서와 업무 관련 규정 및 실무의 목적에 대해 월별이나 분기별로 공유해야 한다. 예를 들어, 실무의 성과에 대해 간단한 프레젠테이션을 공유하고 질의응답 시간을 갖는 런치앤런Lunch-and-Learn(점심시간을 활용해 전문가에게 새로운 이슈와 비즈니스에 대해 듣고 배우는 시간)을 진행할 수 있다. 또는 내부 홍보 행사를 시행할 수 있다. 또는 다른 부서와 일정을 잡아 콘텐츠 전략 실무가 무엇인지, 무슨 일을 하는지, 그리고 대표하는 부서나 팀을 위해 무엇을 할 수 있는지도 공유할 수 있다.

협업 중인 부서에 맞는 슬라이드를 한두 개 추가하여 반복적으로 사용할 수 있는 형식으로 표준 자료를 만들면 시간도 절약할 수 있고 매번 처음부터 시스템을 다시 만들지 않아도 된다. 만약 정기적으로 진행하는 런치앤런이 에이전시나 조직의 새로운 영역인 경우라도 걱정할 것은 없다. 새롭다는 사실만으로도 흥미를 유발하기에 충분하다. 그리고 만약 홍보하기 위해 이해관계자의 도움을 받을 수 있다면 훨씬 더 좋을 것이다. 콘텐츠 전략을 처음 접하고 곧 함께 일하게 될 팀을 위해 내부 홍보 행사를 주최하여 프레젠테이션을 하는 것부터 시작하는 것도 좋다.

월간 부서별 회의 의제를 준비하기 위해 조사를 진행할 수도 있다. 콘텐츠 전략 실무에 대해 공유하는 또 다른 방법은 콘텐츠 전략 실무와 관련된 사례들을 담은 짧은 영상을 만들어 필요할 때 언제든지 재생할 수 있도록 준비하는 것이다. 이 모든 것들을 통해 성공에 조금 더 가까워질 수 있다.

콘텐츠 전략의 성공을 위한 콘텐츠 전략가의 역할

바르넬리 바네르지 Barnali Banerji | 맥아피McAfee 디자인 및 리서치 관리자

콘텐츠 전략의 가치를 입증하고 측정하는 것은 맥아피의 바르넬리 바네르지 팀에게는 매우 쉬운 일이었다. 이 팀에 합류한 첫 번째 콘텐츠 전략가는 최상위 수준의 보안 제공에 대한 사용자 멘털 모델링에 관한 연구 결과를 활용해 IAInformation Architecture(정보 구조)대한 접근 방식을 개발했다. 다음 단계로 사용성 평가를 수행하여 검색 가능성과 참여도가 향상되는지 파악했다. "그 후에 프로덕트에 IA를 내장했고 채택, 검색 가능성, 그리고 사용에 대한 분석이 증가했습니다."

바네르지의 팀의 두 번째 콘텐츠 전략가는 그녀가 리브랜딩을 하는 중에 합류했다. 사용 약관 및 개인 정보 보호 정책이 포함된 콘텐츠의 일관성을 유지하기 위해 유사한 화면에서 테스트를 수행하는 작업이 진행되었다. 콘텐츠 전략가는 디자인 시스템 팀과 협력하여 일관성을 유지하지 못한 문제들을 해결하기 위한 구성 요소를 만들어 개발 속도를 높였다. "엔지니어들로부터 매트릭스를 수집하여 그 가치를 증명하려고 했습니다. 콘텐츠 전략을 활용하여 반복적으로 사용 가능한 콘텐츠 구성 요소를 생성하여 비용과 시간을 절약할 수 있었습니다."

콘텐츠 전략은 조직이 시장에 빠르게 적응하는 데에도 큰 영향을 미쳤다. 머리글에 필요한 공간을 미리 정의하고, 콜 투 액션Call-to-Action(사용자가 어떤 행동을 하도록 유도하는 메시지) 같은 반복적으로 사용 가능한 요소를 배치하고, 영어를 다른 언어로 번역할 때 허용된 텍스트 양을 결정함으로써 궁극적으로 시장 출시 시간을 단축할 수 있었다. "콘텐츠 전략가들은 프로덕트 출시에 필요한 시간, 자금, 지식, 노하우를 모두 보유하고 있습니다. 그들은 여러 팀과 함께 작업하며, 콘텐츠 디자이너들의 업무를 위해 가이드라인을 형성하는 사전 작업도 하고 있습니다. 이로써 출시되기까지 시간이 단축됩니다. 이것은 애자일 조직에서 매우 중요한 사안입니다."

프로젝트 트래커

콘텐츠 전략 실무를 수량화하는 가장 쉽지만 때때로 간과하는 방법 중 하나는 프로젝트를 트래킹하는 것이다. 이는 전략을 수립하는 초기 단계에서 과하다고 생각할 수도 있다. 특히 콘텐츠 전략이 설득력을 얻기 위해서 시간이 걸리는 경우라면 더욱 그렇다. 하지만 갑자기 프로젝트 요청이 쇄도하고, 더 많은 리소스를 확보하기 위해 안간힘을 쓰고 있으며, 더 많은 실무를 효율적으로 수행하기 위해 적절한 도구를 찾는 데 어려움을 겪고 있다고 상상해 보자. 이러한 상황에서는 프로젝트에 포함된 콘텐츠 전략 실무를 트래킹하는 데 시간이 부족하다. 결과적으로 콘텐츠 전략이 프로젝트 목표를 달성하는 데 어떻게 도움이 되었는지 정확하게 기억하기 어렵다.

하지만 만약 콘텐츠 전략 수립 초기 단계에서부터 프로젝트 트래킹을 우선시한다면, 확장에 따라 데이터를 추가하고 유지 관리하는 것이 훨씬 쉬워진다. 로드맵을 작성했다면 아이디어 구상부터 구현, 완료에 이르기까지 프로젝트를 문서화할 수 있다. 프로젝트를 관리할 수 있는 스프레드시트나 소프트웨어를 활용하여 완료된 프로젝트를 트래킹할 수도 있다.

완료된 프로젝트가 증가함에 따라 새로운 구축, 리디자인, 플랫폼 이동을 포함한 의미 있는 측정값을 트래킹을 통해 도출할 수도 있다. 또한 실무에 영향을 받는 웹 페이지, 화면, 엔드 투 엔드 흐름의 수도 기록할 수도 있다. 여기서 중요한 목표는 수정해야 하는 콘텐츠의 오류를 식별하는 것이다.

실패에 대한 조언

실패는 까다롭다. 어떤 사람들은 실패를 두려워하고, 어떤 사람들은 실패를 받아들이고 배워 나간다. 실무가 실패한다면 어떨까? 그런 상황이 오면 어떻게 해야 할까? 우선 콘텐츠 전략은 더 큰 바퀴 안의 톱니바퀴이기 때문에 프로젝트 수준의 실패가 완전히 콘텐츠 전략 실무의 실패인지는 확실하지 않다. 이렇게 이야기하는 이유는 다른 이에게 책임을 떠넘기거나 회피하기 위해서가 아니다. 실무가 외부와 단절된 상태에서 존재하는 것이 아니라는 사실을 강조하기 위해서이다. 콘텐츠 출시가 미뤄지면 프로덕트 출시 목표를 놓칠 수 있을까? 당연하다. QAQuality Assurance(품질 보증)을 진행하는 동안 대중들에게 실제로 보이는 오류를 놓칠 수도 있고, 때로는 그보다 더 최악의 상황이 생길 수도 있다. 리더십의 문제일까? 물론 그럴 수도 있다.

실무 수준의 실패는 어떤 모습일까? 무엇을 할 수 있을까? 여기에 답이 있다. 중요한 것은 생각하는 것만큼 복잡하지 않다는 것이다. 대부분 실무 수준의 실패는 일정을 지키지 않았거나 지속적으로 목표를 달성하지 못했을 때 발생한다. 혹은 정책이 부족하거나 절차가 분명하지 않아서이다. 또한 비현실적인 목표를 설정하면서 발생하기도 한다. 자율적인 조직들은 때때로 정책과 절차를 수립하는 것을 경계한다. 그러나 자율적이든 보수적이든 콘텐츠 관련 워크플로와 거버넌스 개념을 토대로 콘텐츠 관련 역할 및 책임을 명확하게 파악해야 한다.

설정한 목표를 100% 달성하지 못한 경우를 제외하고 실무 수준에서 치명적으로 실패할 가능성은 없다. 그러나 어떤 이유로든 문제가 있다고 느껴진다면 지금이 바로 블루프린트 구성 요소를 다시 검토하여 놓친 것은 없는지 확인할 절호의 기회이다. 준비된 리소스와 도구를 재고하고, 리툴링을 진행할 때인지 확인해야 한다. 이는 7장 '리툴링'에서 자세히 설명할 것이다.

무엇보다 가장 큰 실패는 시작하기도 전에 콘텐츠 전략 실무 수립을 포기하거나 장력과 압력에 부딪히는 경우다. 만약 어떤 불가피한 이유나 구조적 변화의 결과로 수립한 실무가 해체되거나 다른 부서로 흡수될 수도 있다. 하지만 다기능 팀원, 부서별 파트너, 경영진을 교육하기 위해 수행해온 일들이 계속해서 이어질 것이라는 사실을 기억해야 한다.

현실에 안주하지 않기

젠 슈미히 Jen Schmich | 스포티파이Spotify 선임 매니저

나는 노력하지 않는 것이 실패라고 생각한다. 현재의 상황에 그저 체념한 채 이렇게 말하는 것이다. "의문을 제기하지 않고 있는 그대로 받아들이겠습니다. 상사들이 아니라고 한다면 그냥 받아들일 것입니다." 현실에 안주하는 것이 진정한 실패다. 하지만 무언가를 계속하고 있다면 이는 나중에 꽃 피울 씨앗이 되어 그로부터 배울 수 있을 것이다.

공유를 기반으로 한 리더십

에이전시에서 고객에게 자신의 작업을 보여주고, 조직에서 다른 부서와 작업을 시작했다면 이제 더 폭넓게 공유해야 할 때다. 많은 중소기업은 대중의 참여를 촉진하고 인지도를 높이기 위한 방법으로 콘퍼런스 및 미팅에서 사례 연구를 소개하고 리더십 사고를 발휘할 수 있도록 개방을 권장한다. 반면 대규모의 조직은 이러한 상황에 보수적일 수도 있다. 하지만 대중의 눈에 더 잘 띄기 위해 어필할 기회를 잡는 것은 중요하다.

실무 구성원들이 온라인과 오프라인에서 공유할 기회가 있다면, 그때 듣게 되는 외부의 피드백은 내부에도 영향을 미친다. 왜냐하면 리더십은 외부뿐만 아니라 내부의 전문가들 사이에서 콘텐츠 전략 실무가 어떻게 인식되는지를 알려 주기 때문이다.

더 공개적으로, 더 크게 말하기

청중 앞에 서는 것이 아직 어렵고 어색한 사람들은 쉬운 것부터 시작하자. 먼저 동료들에게 발표하는 것부터 익숙해질 수 있도록 기회를 마련하는 것이 좋다. 그런 다음 지역 모임이나 네트워킹 그룹에 참여해 보자. 대화를 나눌 콘텐츠 중심 그룹이 없다면, 콘텐츠 전략에 대해 궁금해하는 시각 디자이너나 연구원 등 UX 실무자들도 많을 것이다. 하지만 그들의 소속 에이전시나 조직의 실무자와는 직접 접촉할 수 없다. 이메일을 통해 강연이나 패널 토론을 제안하는 것은 해당 분야에 대한 열정을 공유하는 동시에 UX 콘텐츠 전략이 어떤 결과를 가져올지 이해하고자 하는 다른 사람들을 교육하는 좋은 방법이 될 수 있다.

다음으로는 전국적인 콘퍼런스에서 강연하는 것을 고려해 보자. 물론 제안된 가이드라인을 따르면서 콘퍼런스에 참석한 청중들에게 적합한 주제의 강연을 해야한다. 그 후에, 대중을 위한 연설을 즐기고 있음을 깨닫게 된다면 더 큰 규모의 행사에서 연설하는 것도 고려해 보자. 콘텐츠 중심의 콘퍼런스 목록은 아래에서 확인할수 있다.

핵심 개념 **콘텐츠 관련 콘퍼런스**

에이전시 또는 조직에서 실무에 대해 공유했다면, 이제 더 큰 콘텐츠 관련 콘퍼런스 및 행사에서 공유해야 한다. 아래의 목록이 도움이 될 것이다.

- Button: 콘텐츠 디자인 콘퍼런스 (www.buttonconf.com/)
- Confab: 콘텐츠 전략 콘퍼런스 (www.confabevents.com/)
- Design + Content: 디자이너와 콘텐츠 전략가를 위한 콘퍼런스 (https://content.design/)
- LavaCon: 콘텐츠 전략과 테크 커뮤니케이션 관리에 대한 콘퍼런스 (https://lavacon.org/)
- UX Writer Conference: UX 라이터를 위한 콘퍼런스 (https://uxwriterconference.com/)

콘텐츠 전략에 대한 자료 게시하기

리더십 사고는 공개적인 발표나 연설에만 한정된 것은 아니다. 어떤 사람들에게는 여전히 어렵고 불편한 일일지도 모른다. 무대 위에 서는 대신 조직의 지원과 허가를 받아 서면 형식으로 더 큰 콘텐츠 전략 커뮤니티에 기여하는 것을 고려해 볼 수도 있다.

다시 말하지만, 작은 것부터 시작해야 한다. 콘텐츠 전략에 대해 게시할 수 있는 적절한 내부 블로그가 있는 경우, 전사적으로 공유할 수 있는 자료를 게시해도 좋다. 또한 콘텐츠 중심 협회나 전문 조직에서 별도의 자료 제작과 같은 외부 요청을 주의해야 한다. 이러한 작업들은 소셜 미디어에서 공유될 가능성이 크고, 그렇지 않다면 소셜 미디어 및 기업 커뮤니케이션을 관리하는 사람들이 집계하는 지표이자 브랜드에 대해 언급한 총 횟수가 되어 또 다른 콘텐츠 전략의 성공 척도가 될 것이다.

연설을 하거나 자료를 게시하는 것은 콘텐츠 전략 실무를 성장시키는데 필수적인 요소는 아니다. 하지만 동료들이 이 길을 함께 가기로 결정했다면, 내부의 지지를 얻게 될 것이다. 이는 성공에 가까워지는 길이다.

#TEACHWRITESPEAK

나는 이야기를 나누는 것을 좋아한다. 보통 서면 형식으로 공유하는 것이 더 편하지만, 특정 주제에 관해 글을 쓰고 나서는 이야기를 나누는 것이 더 자연스럽다는 것을 깨달았다. 우연한 기회로 연설하게 된 경험을 떠올려 본다. 약 10여 년 전에 한 콘퍼런스에 참석했고, 나는 콘퍼런스가 끝난 후 설문 조사에서 상당히 자세한 서면 피드백을 남겼다. 주최자들은 이 피드백에 관한 이야기를 좀 더 자세히 나누길 원했고, 그들은 나를 이듬해에 열리는 회의의 연사로 초청했다.

나는 작은 규모의 미팅에서부터 이야기하기 시작했고, 그곳에서 전 동료와 함께 콘텐츠 전략을 주제로 발표했다. 또한 운 좋게도 다른 부서와의 업무 조정을 위해서 수많은 내부 프레젠테이션을 해야 했다. 나는 다양한 로드맵을 구현하는 콘텐츠 전략가로 업무를 다시 맡게 됐다. 프리랜서로 글을 쓰고 대중 앞에서 연설하기 시작했다.

그 과정에서 해시태그 '#teachwritespeak'를 만들었다. 더 많은 사람들이 나의 글을 읽을수록, 특히 COVID-19 기간 동안 기사를 작성하고 연설하는 것에 대한 의뢰가 급격히 증가했다. 참석하고 싶었던 콘퍼런스에서 연설하는 행운을 누리기도 했다. 혹평을 피하거나 좋아요 수와 팔로워 수를 늘리기 위해 그 어떤 것도 하지 않았다. 단지 내가 열정을 느끼고 궁금한 것들에 대해 이야기를 만들어 나갔다.

체크 리스트

콘텐츠 전략가들은 UX 라이팅, 기획, 전략 수립 등의 실무 위주에만 익숙해하며 숫자와 관련된 모든 데이터 및 통계를 피하고 싶어 할 수도 있다. 하지만 규모에 맞는 성과를 확인할 수 있는 기준을 마련하려면 데이터를 파악할 줄 알아야 한다. 다행히도 성과를 측정할 수 있는 다음과 같은 다양한 방법들이 있다.

- ☑ 프로세스 프레임워크
- ☑ 서비스 블루프린트
- ☑ 여정 지도
- ☑ 로드맵
- ☑ 플레이북

만약 콘텐츠 전략 실무가 잘못된 방향으로 가고 있는 것 같다면 블루프린트를 다시 작성하고, 리툴링을 진행하고, 프로세스 프레임워크를 수정할 수 있다. 또한 성장을 위해 교육을 받고, 내부 블로그나 회사 인트라넷에 게시물을 올려 공유하고, 미팅이나 콘퍼런스에서 연설을 할 수도 있다. 이 모든 것이 성공의 척도로 간주될 수 있다는 것을 기억해야 한다.

CHAPTER 6

강력한 핵심 유지

높은 건축물의 중심에는 코어Core라는 핵심 구성 요소가 있다. 건축물의 코어는 건축물이 바람이나 지진으로 인해 수평으로 발생하는 외부의 힘을 견딜 수 있게 돕는다. 또한 철골로 이루어진 외부 프레임은 코어와 함께 기능하여 수직으로 발생하는 외부의 힘을 버틸 수 있게 한다. 궁극적으로 강력한 코어는 건축물의 붕괴를 방지하고 유지를 돕는다.

이 장에서는 콘텐츠 전략을 유지하고 지원하는 '사람들, 시스템, 문화 환경'에 초점을 맞춰 코어를 유지하는 방법을 살펴볼 것이다. 또한 실무자들이 최선을 다하면서도 번아웃을 피할 수 있도록 돕는 방법을 배우게 될 것이다. 또한 실무를 수행하는 데 사용되는 시스템을 유지 관리하는 것에 대해서도 배우게 될 것이다. 여기에는 기술적인 시스템뿐만 아니라 해당 분야의 변화 및 발전 속도를 따라잡기 위해 갖춰야 할 시스템도 해당된다. 마지막으로 실무를 유지하고자 할 때 조직의 문화 환경에서 직면하게 되는 저항들을 살펴볼 것이다.

콘텐츠 전략 실무는 어떻게 작동하는가?

『건축물은 어떻게 해서 서 있는가Why Buildings Fall Down』의 저자 마리오 살바도리Mario Salvadori와 마티스 레비Matthys Levy는 다음과 같이 설명한다. "건축물이 무너지는 이유는 뼈대, 즉 구조 수립의 실패 때문이다. 구조물이 어떻게 작동하는지 알게 되면 구조물이 무너지지 않도록 항상 최선을 다해야 한다는 것도 배우게 될 것이다."[19] 콘텐츠 전략 실무도 코어의 지속적인 유지 보수 및 지원이 구조적 결함을 방지한다.

---

19 Matthys Levy and Mario Salvadori, Why Buildings Fall Down (New York and London, W.W. Norton Company, 2002), 14.

콘텐츠 전략이 지속 가능하도록 유지 관리를 하기 위해서는 프로세스에 취약한 점이 있는지 정기적으로 점검해야 한다. 이는 실패 가능성이나 구조적 약점이 더 큰 위협이 되기 전에 예방 차원으로 필요한 과정이다. 콘텐츠 전략 실무의 해부학적 구조인 사람, 시스템, 문화 환경을 구성하는 부분들의 총합을 자세히 살펴보아야 한다. 또한 각각의 구성 요소를 강화하여 장력과 압력을 받는 상황에서도 견딜 수 있도록 해야 한다.

콘텐츠 전략 실무의 해부학적 핵심 구조

건축물에서 콘크리트로 된 코어와 강철로 된 프레임은 구조물이 다양한 수직 및 수평의 힘을 견딜 수 있도록 동시에 작용한다. 마찬가지로 콘텐츠 전략 실무 역시 실무자들로 구성된 내부 핵심, 실무를 지원하는 시스템, 실무가 수립된 문화 환경으로 구성된 외부 핵심, 세 가지로 구성되어 있다. 그림 6.1은 구성 요소들이 어떻게 함께 작동하는지를 보여준다.

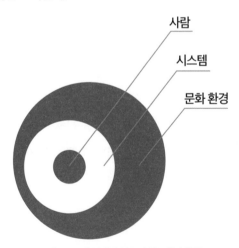

그림 6.1 콘텐츠 전략 실무의 해부학적 핵심 구조

- **사람:** 콘텐츠 전략의 기반은 실무자들의 집단적인 전문 지식을 바탕으로 구축된다. 콘텐츠 전략의 가치를 옹호하고, 교육하고, 명확하게 표현하는 사람들이 없다면 아무것도 얻을 수 없다. 따라서 콘텐츠 전략 실무의 중심에 있는 사람들이 생성하는 가치를 절대적으로 인정해야 한다. 또한 그들이 성장할 수 있도록 지원해야 한다.
- **시스템:** 실무자가 실무를 수행하는 데 사용하는 도구 및 절차가 바로 시스템을 구성하는 요소들이다. 시스템에는 단순한 하드웨어 및 소프트웨어 집합 그 이상의 비즈니스 프로세스와 운영 절차가 포함되어 있어 실무가 원활히 운영되도록 지원한다. 시스템은 분야의 변화와 발전 속도에 맞춰 나가야 하며 에이전시나 조직의 요구 사항도 충족해야 한다. 또한 실무자가 콘텐츠 전략에 관한 기술을 향상하고 지식을 확장하는 데 도움을 주어야 한다.
- **문화 환경:** 실무의 핵심을 구성하는 사람들과 시스템을 둘러싸고 있는 마지막 외부 영역은 실무가 구축된 문화 환경이다. 문화 환경은 리더가 정한 규범, 즉 업무 공간에서 허용되거나 허용되지 않는 규범의 영향을 받는다. 문제는 간혹 이러한 규범들에 반발하는 누군가가 나오기 전까지 문화 환경은 암묵적으로 형성된다는 사실이다. 이로 인해 문화 환경을 탐색하는 일은 어려워진다.

이러한 구성 요소들 사이에는 상호 의존성이 존재한다. 구조의 중심에 있는 사람들로부터 시작해 안팎으로 코어를 강화하는 데 시간을 투자한다면, 콘텐츠 전략 실무를 유지하는 데 도움이 될 뿐만 아니라 외부 영역, 즉 시스템에서 문화 환경에 이르기까지 긍정적인 영향을 미칠 것이다.

사람들

콘텐츠 전략 실무의 핵심을 유지하기 위해서는 구조의 중심에 있는 콘텐츠 실무자인 '사람들'에게 투자하는 것이 매우 중요하다. 1명의 실무자이든, 더 큰 규모의 에이전시나 조직에서 여러 명의 실무자로 구성된 팀을 이끄는 사람이든, 그 팀의 구성원이든, 실무의 성공은 탁월한 콘텐츠 생성을 위해 끊임없이 노력하는 사람들의 성장과 직접적인 상관관계가 있다. 이러한 맥락에서 성공은 단순히 더 많은 급여나 더 화려한 타이틀에 달린 것이 아니다. 이는 모든 실무자가 심리적으로 안전하다고 느끼며 다양하고 포용적인 환경에서 일하고 있는지를 확인하는 일이다. 또한 각 실무자가 자신의 강점을 발휘하여 실무에 어떤 가치를 더하는지, 에이전시 및 조직의 성공에 어떻게 기여하는지를 명확히 파악하는 데 달려 있다.

또한 성공이란 실무자들이 번아웃이 올 때까지 일하지 않는 것을 의미한다. 번아웃은 흔히 나타나며 서서히 퍼져 나간다. 실무 서비스에 대한 수요가 증가한다는 것은 실무의 목적을 모두 이해했다는 신호이자 확장할 때가 되었다는 신호일 수 있다. 그러나 이 수요로 인해 실무자들이 적당한 업무량을 유지하기가 어려워지면 건강을 잃고 번아웃이 올 수 있다.

또한 자기 관리의 중요성은 '실무자들에게 투자하는 것'이라는 말을 들었을 때 처음 생각했던 것과는 완전히 다를 수도 있다. 실무자들에게 투자한다는 것이 교육 과정을 제공하거나 전문적인 개발 워크숍 및 콘퍼런스 참석 예산을 책정하여 실무자의 기술 향상에 필요한 도움을 주는 것으로 예상했을 것이다. 물론 이것 또한 매우 중요하다. 그러나 여기서 말하는 투자의 유형은 각 개인이 자기 관리가 어떤 것인지를 정의하고 탐색할 수 있는 공간을 만드는 것이다. 실무자가 자신의 건강에 활력을 불어넣는 방식을 의식적으로 생각할 수 있도록 안전한 공간을 마련하는 것은 팀 전체의 유지에도 매우 중요한 일이다. 다음은 자기 관리를 장려하는 공간을 만들고 유지하는 방법들이다.

컨디션 체크

실무자가 프로덕트 팀에 소속되어 있든 아니면 UX 팀이나 개발 및 기타 부서에 소속되어 있든, 정기적으로 그들의 컨디션을 체크하고 서로 공유한 뒤에 실무에 대해 이야기하는 것이 중요하다. 그러기 위해서는 이 공간이 단순히 컨디션을 체크하기 위한 공간이 아닌 그 이상의 의미가 있는 곳이라는 공통의 합의가 있어야 한다. 더 중요한 것은 긍정적인 것뿐만 아니라 좌절감과 같은 부정적인 것도 공유할 수 있는 공간이어야 한다는 사실이다.

많은 경우, 프로덕트 팀 또는 별도의 사업 부문에 종사하는 실무자들은 합의된 프로세스 프레임워크를 준수하지 않는 등의 문제로 다른 팀원들과 마찰을 겪는다. 더 좋지 않은 경우도 있다. 콘텐츠 전략가를 프로덕트 개발 초기 단계에서 제외시키고, 일반적으로 다음 같은 내용의 카피 요청을 통해 마지막 단계에만 참여시키는 것이다. "콘텐츠 전략가는 출시 전에 카피만 작성하면 됩니다." 특히 시간과 노력을 들여 콘텐츠 전략 실무를 수립한 경우라면 콘텐츠 전략가에게 이처럼 좌절감을 주는 경우는 없을 것이다. 그러나 실제로 현장에서 자주 일어나는 일이다.

일부 부서별 파트너들은 프로덕트 개발 프로세스 전체에서 콘텐츠를 중요한 위치로 끌어올릴 수 없다고 말하고 혹은 그러기를 거부한다. 그들은 콘텐츠 전략가가 적절한 맥락도 없이 마감 기한을 지켜야 한다는 압박감을 느끼며 프로젝트 마지막 단계에 투입되는 것이 얼마나 불쾌하고 어려운 일인지 이해하지 못한다.

이러한 상황이 벌어질 때 실무자들에게는 이를 이해하는 사람들과 문제를 해결하고 속마음을 터놓을 수 있는 안전한 공간이 필요하다. 이 공간은 안전이 핵심이다. 갈등을 권장하지 않지만, 사람들이 충분히 솔직한 이야기를 꺼내 놓을 수 있도록 컨디션을 체크하는 공간이라는 것을 알려 주어야 한다.

사람을 우선순위로 두기

칸디 윌리엄스 Candi Williams | 범블Bumble의 콘텐츠 디자인 팀 리더

범블에 합류하기 전 칸디 윌리엄스는 조직이 그녀에게 잘 맞는지를 확인하기 위해 많은 질문을 던졌다. 그녀는 심리적 안정과 행복, 평등과 포용에 대해 물었다. "이 요소들은 내가 어떤 조직에서 일하든 가장 중요한 요소입니다."

윌리엄스는 콘텐츠 디자인 팀 리더로서 수년간의 경험을 통해 무엇보다 실무나 팀을 구성하는 사람들이 먼저라는 것을 배웠다. "콘텐츠는 프로덕트의 핵심입니다. 그러나 그 프로덕트의 가치를 설명하고 정당화해야 하는 일은 프로덕트에 의미, 명확성, 적합성을 부여하는 전문가들에게도 어려운 일입니다. 콘텐츠 전략가를 비롯해 콘텐츠를 중심으로 한 콘텐츠 디자이너, UX 라이터들은 반드시 자신을 먼저 돌보세요. 자신이 가장 중요합니다."

윌리엄스는 그녀의 팀 내에 자기 관리를 훈련할 수 있는 공간을 의도적으로 만들었다. "나는 할 수 있는 한 자기 관리의 모범이 되고자 합니다." 이 말은 그녀가 다른 이들이 휴가를 내고 쉬는 것을 지지할 뿐만 아니라, 그녀 자신도 그렇게 한다는 것을 의미했다. 그리고 만약 사람들이 근무 시간을 초과해서 일하고 있다는 것을 알게 되면, 윌리엄스는 초과 근무가 결코 장려되거나 기대되는 일이 아니라는 것을 그들에게 확실히 이해시키려고 했다.

윌리엄스가 실무의 핵심을 강력하게 유지하기 위해 취하는 또 다른 접근법은 목표를 설정하는 것이다. "나는 사람들의 행복과 심리적 안정에 대한 몇 가지 공동의 목표를 설정했습니다. 그리고 함께 일하는 사람들과 폭넓은 커뮤니티를 구축하고 있다는 사실을 우리 스스로 확실히 인식하도록 도왔습니다."

윌리엄스는 실무자들의 각기 다른 스타일을 이해하려고 노력한다. "정말로 잘하거나 좋아하는 분야는 무엇입니까? 지원을 희망하거나 일해보고 싶은 분야는 무엇입니까? 이렇게 솔직하고 열린 대화를 나누는 것은 정말 중요합니다." COVID-19 대유행으로 경영진과 구성원들은 일과 삶의 균형에 대해 더 많은 대화를 나누게 되었는데, 이는 말 그대로 모든 사람이 일과 삶의 균형을 확립하기 위해 노력했기 때문에 가능한 대화였다.

언젠가 홈스쿨링에 대한 이야기가 나왔을 때, 만약 아이가 있다면 어떻게 해야 할지에 대

한 논의를 한 적이 있었다. "그때 누군가 저에게 '이런 걱정을 하지 않아도 되니까 다행이에요.'라고 댓글을 남겼던 것이 기억납니다." 윌리엄스는 이 홈스쿨링에 대한 논의 자체가 상당히 일차원적이라고 생각했다. "혼자 사는 사람들은 어떻습니까? 정말 미묘하게 다른, 다양한 삶의 형태가 존재해요. 건강과 행복, 일과 삶의 균형, 자신을 스스로 돌보는 것에 대해 이야기할 때는 세심한 주의를 기울여야 합니다."

핵심 개념 **자기 관리, 자신만의 행복을 정의하는 것**

콘텐츠 전략가로 일하고 있지 않을 때, 나는 요가 강사로 일한다. 마음 챙김, 호흡 요법, 아사나Asana(요가의 자세)를 교육 분야에 포함해 마음을 가라앉히고 중심을 잡도록 돕는다. 요가나 명상은 종종 자기 관리에서 가장 어려운 것으로 여겨진다. 물론 좋은 활동이지만 개인에 따라 맞지 않을 수도 있다. 즉 어떤 사람에게는 자기 관리로 간주되는 일이 다른 사람에게는 그렇지 않을 수도 있다는 것이다. 자기 관리란 사소한 것부터 독서, 창의적 글쓰기, 게임, 영화 감상, 의미 있는 활동, 심지어 낮잠까지 자신을 회복하는 데 도움이 되는 어떤 것에든 몰두하는 것이다. 가장 중요한 것은 자신만의 행복을 찾고 정의할 수 있다는 사실이다.

균형 점수

균형 점수The Balance Score란 1부터 10까지 간단한 숫자 값으로, 개인적으로나 직업적으로 자신의 현재 상황을 어떻게 느끼고 있는지 그리고 그 상황에서 균형을 얼마나 잘 유지할 수 있다고 느끼는지를 측정한다. 시빅액션스CivicActions의 공동 설립자인 헨리 폴Henry Poole은 《미디엄Medium》에 균형 점수에 대해 기고하면서 다음과 같이 설명했다.[20] "균형 점수는 주어진 순간에 우선순위를 정하는 데 있어

---

20 Henry Poole, "Improving Scrum Team Flow on Digital Service Projects", CivicActions (blog), Medium, 2019.8.15.

우리가 얼마나 균형감을 느끼는지를 수치로 나타낸 것입니다."

폴은 오히려 상황이 괜찮은 것처럼 보일 때 불균형에 빠질 수 있다고 지적한다. 대신 폴은 균형이란 자신의 우선순위 및 에너지에 대한 자아 인식이라고 말했다. 이는 우리가 일과 직업 그 이상의 존재라는 것을 인식하는 일이다. 콘텐츠 실무에 직접적인 영향을 미치는 매우 인간적인 문제를 다루는 것이다.

실제로 다음과 같이 진행된다. 먼저 매일 오전 회의 시간에 직장과 가정에서 처리해야 할 모든 일에 대해 그날의 느낌을 숫자 값으로 나타내고 공유한다. 개인적인 문제에 대해서는 자신이 원하는 만큼 이야기할 선택권을 가지고 있다. 그런 다음 프로젝트 실무에 대한 업데이트를 공유하고 해당 실무를 완료하는 데 방해 요소가 없는지를 함께 확인한다.

자세한 이야기를 하기 어려웠던 날에도 동료들이 경청해 준다면 인류애를 느낄 수 있고, 자신의 균형 점수를 공유하는 것뿐만 아니라 다른 사람의 균형 점수를 듣는 것만으로도 힘을 얻을 수 있다. 이 과정에서 사람들은 각자 다른 분야를 담당하는 실무자들이 아니라 사람이라는 것을 깨닫게 되고, 심지어 균형 점수가 낮았던 날에도 무슨 일이 일어나고 있는지 숨길 필요가 없다는 것을 알게 되어 안심하고 업무에 집중할 수 있게 된다. 팀원들 간의 높은 수준의 신뢰와 공감을 경험하고, 스스로 더 나은 동료라는 확신을 갖게 된다.

유용한 팁 **균형 점수**

1. 균형 점수는 1에서 10의 척도를 사용하며, 1은 최저점이고 10은 최고점이다.
2. 균형 점수는 개인적, 전문적, 정신적 세 영역과 전후 관계 맥락을 함께 나타낸다.
3. 폴은 균형 점수가 우선순위에 대한 두 가지 내용을 수치로 보여줄 수 있다고 설명한다. 즉 우선순위가 무엇이고 얼마나 잘 파악하고 있는지 여부와 이를 얼마나 잘 지킬 수 있는지 여부다.

4. 균형 점수는 다음의 역할을 수행한다.

    a. 우선순위의 변화를 알리는 신호

    b. 팀원 간의 신뢰 및 협력 관계 구축

    c. 팀 간의 신뢰 및 협력 관계 구축

    d. 문제 발생 시 책임을 떠넘기거나 함부로 추측하는 것을 방지

    e. 실무를 수행하는 사람들에게 집중하여 능률 향상

취약성의 힘

브레네 브라운Brene Brown 박사는 그의 TED 강연 〈취약성의 힘The Power of Vulnerability〉[21]은 콘퍼런스 조직의 '공유할 가치가 있는 아이디어' 중에서 가장 조회수가 높고 인기 있는 강연 중 하나다. 이 20분짜리 TED 강연은 그녀가 '취약한 사람들'로 분류한 사람들을 연구하면서 발견한 세 가지 공통점을 소개하고 그 핵심을 전달한다.

- **용기**Courage: 자신의 이야기를 진심으로 말하기
- **연민**Compassion: 먼저 자신에게 친절한 뒤 다른 사람에게 친절하기
- **연결**Connection: 다른 사람들과 진정으로 연결되는 것을 넘어 자신을 있는 그대로 받아들이기

브라운은 취약함을 숨기지 말고 진실하라고 말한다. 물론 취약함에 대한 이러한 관점이 모든 상황에 규범적으로 적용되는 것은 아니다. 하지만 실무자가 자기 관리가 무엇을 의미하는지 파악하는 일이 허용되고 동시에 지지받는다는 사실을 깨달을 수 있도록 돕는 것이 필요하다.

---

[21] Brene Brown, "The Power of Vulnerability", TEDxHouston, 2010.6.

시스템

콘텐츠 전략 실무의 해부학적 핵심 구조에서 가장 안쪽에 있는 '사람들'은 실무자들이 서로 협력하여 일하는 방식에 초점을 맞추었다면 '시스템'은 실무가 어떻게 이루어지는지에 초점을 맞춘다. 본격적으로 이야기를 시작하기에 앞서 콘텐츠 관리 시스템인 CMS를 다루는 내용은 아니라는 점을 밝힌다. Adobe XD, Figma, Sketch와 같은 협업 디자인 도구는 이미 대중화가 되었고, 사용 방법에 대해서도 유튜브 등 다양한 매체를 통해 제공되고 있다.

이 책에서는 내외부 고객과 이해관계자 모두에 대한 기대 수준을 설정하고 콘텐츠 전략 킥오프의 구성 요소, 콘텐츠 전략 단계, 프로젝트가 진행되면서 포함되는 결과물의 목록과 같은 내용을 설명할 것이다. 이 책의 주요 목적은 콘텐츠 전략 실무의 핵심을 유지하는 데 도움이 될 체계적인 접근 방식을 제공하는 것이다.

콘텐츠 전략 킥오프

콘텐츠 전략 킥오프Kickoff는 목적은 콘텐츠 전략가가 고객 및 이해관계자와 함께 프로젝트의 목표를 더 잘 이해하고 전반적인 콘텐츠 전략에 정보를 제공하는 요구 사항을 파악할 충분한 시간을 제공하는 것이다. 이 프로세스는 전체 프로젝트가 시작된 직후 진행하여 콘텐츠 전략이 전체 프로덕트 개발 프로세스와 일치할 수 있도록 하는 것이 이상적이다. 콘텐츠 전략 킥오프는 다음과 같다.

- **비즈니스 목표**
  - 비즈니스 목표를 정의하라.
  - 웹, 애플리케이션, 소셜 미디어를 포함하여 디지털 콘텐츠 전략 목표를 정의하라.
  - 사용자와 고객에게 정보를 전달하는 메시지 아키텍처를 설정하라.

· **휴리스틱 평가**

　· 현재의 UX를 검토하라.

　· 이미 확인되었거나 의심되는 문제가 있는지 휴리스틱 평가 결과를 확인하라.

· **유저 리서치**

　· 사용자의 목표를 이해하라.

　· 페르소나Persona(프로덕트를 사용할 만한 목표 집단을 대표하는 가상의 사용자)를 개

　　발하라.

　· 사용자의 사고방식을 파악하라.

· **콘텐츠 심층 분석**

　· 콘텐츠 생태계 정의: 어떤 콘텐츠 채널이 존재하는지 확인하라.

　· 콘텐츠 생태계 감사: 소셜 미디어 및 기타 채널을 포함하여 콘텐츠를 확인하라.

　· 비교 분석: 실제 업계 경쟁자의 콘텐츠를 비교 분석하라.

　· 갭 분석: 사용자가 필요로 하지만 누락된 콘텐츠가 없는지 확인하라.

　· 준비 완료 상태: 조직은 콘텐츠에 대한 고객의 니즈를 수용, 구현, 유지 관리할 준

　　비가 되어있는지 확인하라.

· **분석 정보**

　· 콘텐츠 KPI를 파악하라.

　· 사용자의 상호 작용을 이해하라.

콘텐츠 전략 단계

아래의 내용은 콘텐츠 전략 단계에 포함될 수 있다. 각 단계의 명칭은 프로젝트 범위, 유형, 관련성에 따라 달라질 수 있다.

- **제안:** 필요한 경우, 프로젝트 제안서 작성에 참여한다. 콘텐츠 기회를 발견할 수 있는 메시지 아키텍처를 이해관계자와 함께 만든다.
- **탐색, 분석:** 이해관계자의 목표, 사용자의 니즈, 콘텐츠의 요구 사항, 제안된 디자인 설루션 등을 이해하기 위해 업무 기술서와 인터뷰 노트를 검토한다. 콘텐츠 감사를 수행한다.
- **디자인:** 기존 콘텐츠의 용도를 변경하는 것인지, 처음부터 새로 만들어야 하는지, 콘텐츠 편집 기준 및 프로세스는 누가 작성할 것인지에 초점을 맞춘다.
- **구축:** 기존 콘텐츠의 용도를 변경하고, 새로운 콘텐츠를 만들고, 고객에 큐레이션한 콘텐츠를 수집하고 편집한다.
- **테스트:** 어떤 콘텐츠 작업이 완료되었는지 QA 팀에 가이드라인을 제공한다. 체크리스트를 만들어 모든 콘텐츠 작업이 완료된 프로덕트인지 확인한다. 콘텐츠 결함을 보고하기 위한 계획을 수립한다.
- **유지 보수:** 새로운 콘텐츠를 생성하기 위한 계획을 세우고, 비즈니스 요구 사항에 따라 편집 일정을 수립하고, 오래된 콘텐츠를 삭제하거나 보관한다.

콘텐츠 전략 결과물

아래의 내용은 콘텐츠 전략 결과물의 예시이다. 다양한 소스를 통해 수집되었으며[22] 마찬가지로 프로젝트 범위, 유형, 관련성에 따라 달라질 수 있다.

- **· 탐색 단계 문서/결과물**
  - · 콘텐츠 프로젝트 요약
  - · 콘텐츠 인벤토리
  - · 콘텐츠 감사

- **· 분석 단계 문서/결과물**
  - · 콘텐츠 전략 조사 결과 및 접근 방식
  - · 기존 콘텐츠 분석
  - · 갭 분석
  - · 비교 분석
  - · 편집 프로세스 분석
  - · 리소스(사람 및 시스템) 준비 완료 상태

- **· 디자인 단계 문서/결과물**
  - · 콘텐츠 매트릭스
  - · 편집 스타일 가이드라인
  - · 콘텐츠 승인 프로세스
  - · 콘텐츠 번역 프로세스
  - · 콘텐츠 관리 시스템 CMS 협의

---

22 Kristina Halvorson and Melissa Rach, Content Strategy for the Web, 2nd ed.; Kevin P. Nichols, Enterprise Content Strategy; Richard Sheffield, The Web Content Strategist's Bible.

- **구축 단계 문서/결과물**
  - 프로젝트 트래커
  - 콘텐츠 검토 및 승인

- **유지 보수 단계 문서/결과물**
  - 콘텐츠 유지 보수 프로세스
  - 편집 일정표
  - 콘텐츠 제거 프로세스
  - 콘텐츠 보관 기준 수립

콘텐츠 라이프사이클

콘텐츠 라이프사이클을 언급하지 않고 콘텐츠 전략의 맥락에서 시스템을 이야기할 수는 없다. 콘텐츠 라이프사이클은 콘텐츠 전략가 에린 사임Erin Scime에 의해 처음 소개됐고, 이후 메간 케이시Meghan Casey의 책 『콘텐츠 전략 툴킷The Content Strategy Toolkit』에도 등장했다. 콘텐츠 라이프사이클 5단계는 그림 6.2와 같다.

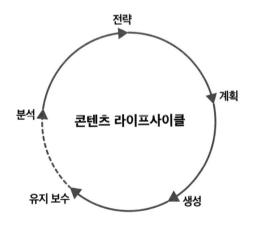

그림 6.2 콘텐츠 라이프사이클 5단계

- **분석:** 프로젝트의 목표에 따라 현재의 상황과 미래의 목표를 비교하여 콘텐츠를 분석한다.
- **전략:** 어떤 콘텐츠가 필요한지, 어떤 사용자에게 필요한지, 어떤 콘텐츠가 어떻게 표시될 것인지를 파악한다.
- **계획:** 콘텐츠의 역할 및 책임을 정의하고 이를 지원하는 데 필요한 프로세스를 포함한다.
- **생성:** 콘텐츠를 만들고 승인하고 게시하는 데 필요한 리소스를 포함한다.
- **유지 보수:** 비즈니스 목표 및 사용자 니즈의 변화에 따라 주기적으로 검토, 업데이트, 삭제, 보관하는 작업을 포함한다.

케이시는 "특히 비즈니스 모델이나 우선순위가 변경되거나, 새로운 경쟁자가 등장하거나, 또는 목표 고객이 바뀔 때 전략을 정기적으로 재평가하는 것이 중요하다."라고 말한다.[23] 라이프사이클은 실무의 강점을 확인하고 약점을 보완할 수 있다.

디자인옵스와 콘텐츠 전략 실무

콘텐츠 전략 실무는 다른 팀을 위해 서비스를 제공하거나 혹은 더 큰 UX 디자인 팀의 일부일 수도 있다. 어느 경우든 만약 공식적으로 디자인 실무가 통합된 더 큰 규모라면 콘텐츠 전략 실무를 유지하는 데 있어서 자율성을 가지며 디자인옵스에 서비스를 제공하는 것이 적합할지 아니면 디자인옵스에 흡수되어 그 일부가 되는 것이 적합할지 고려해야 한다.

디자인옵스DesignOps라는 용어는 디지털 디자인 분야의 리더이자 교육자인 데이

---

23 Meghan Casey, The Content Strategy Toolkit (San Francisco: New Riders, 2015), 203.

브 말루프Dave Malouf가 만들었다고 전해진다. 그에 따르면 이 정의는 시간이 지나면서 발전해 왔지만, 가장 기본적인 정의는 디자인 실무가 디자인의 지지 구조, 즉 발판이라는 것이다. 그는 디자인옵스의 목적과 사명은 "디자인 실무의 가치를 확대하는 것"이라고 말한다.[24] 로젠필드 미디어 팟캐스트에서 디자인옵스 정의의 확대라는 주제에 관해 이야기하면서[25] 말루프는 "디자인이 디자이너가 수행하는 프로세스, 방법, 기술로 이루어져 있다면 이 프로세스, 방법, 기술이 고객과 조직에게 모두 가치가 있는지 확인하는 성공적인 방법이다."라고 설명했다. 이는 콘텐츠 전략 실무의 가치를 전달하는 것의 중요성과 유사하다.

디자인옵스의 또 다른 정의는 NNGNielsen Norman Group(닐슨노먼그룹)가 제공한 〈DesignOps 101〉이라는 제목의 기사에서 비롯되었다.[26] "디자인옵스는 규모에 맞게 디자인의 가치와 영향을 확대하기 위한 인력, 프로세스, 기술의 통합 및 최적화를 의미한다." 닐슨노먼그룹은 디자인옵스의 중요성을 "시간이 지나면서 변화하는 팀의 니즈를 충족하도록 총체적이고 유연한 실무"라고 언급했다.[27] 즉 지속과 확장이 가능한 방식으로 콘텐츠 전략 실무를 구축하는 것과 디자인옵스를 만드는 것은 유사하다. 디자인 실무를 정의해 보는 이 논의의 목표는 어떤 정의가 가장 정확한지 확인하려는 것이 아니다. 사실 실제 현장에는 여기에서 공유된 두 가지 정의와는 상당히 다른 정의들이 있다. 대신 디자인 실무를 포함하고 있는 조직에서 콘텐츠 전략 실무를 수립하는 사람들의 목표는 콘텐츠 전략에 가장 적합한 조직을 고려하는 것이다.

---

24 Dave Malouf, "Amplify", Amplify Design (blog), Medium, 2019.10.29.

25 Dave Malouf, "Exploring the DesignOps Definition: A Chat with Dave Malouf", The Rosenfeld Review (podcast), 2018.

26 Kate Kaplan, "DesignOps 101", Nielsen Norman Group, 2019.7.21.

27 Kate Kaplan, "DesignOps: What's the Point? How Practitioners Define DesignOps Value", Nielsen Norman Group, 2020.5.24.

디자인 팀원들과의 상호 작용

디자인 실무의 정의와 목적은 실무를 구성하는 전문화된 다기능 분야에서 계속해서 바뀐다. 그리고 콘텐츠 전략은 각 전문 분야에서 명시적으로 요구된다. 특히 블루프린트의 두 번째 요소인 다기능 팀과의 협력 관계 구축에 초점을 맞출 때 디자인 팀원들이 콘텐츠 전략이 디자인 실무에 가져오는 가치를 잘 이해하고 있는지 확인해야 한다.

닐슨노먼그룹의 기사 〈DesignOps 101〉로 돌아가서, 닐슨노먼그룹의 디자인옵스에 대한 세 가지 목표를 살펴보도록 하자.

- 함께 일하는 방법
- 실무를 완료하는 방법
- 영향력을 창출하는 방법

구축 중인 콘텐츠 전략 실무가 대규모 디자인 실무에 통합되는지 아니면 다른 팀을 위한 서비스 제공자로서 자율성을 유지하는지와 관계없이, 에이전시나 조직에서 디자인옵스를 담당하는 이들과 협력해야 한다. 디자인 팀원들에게 익숙한 언어를 사용하여 그들과 대화를 이어갈 수 있다면 협력 관계를 구축할 수 있다. 궁극적으로 디자인옵스를 통해 공유된 목표를 달성할 수 있다.

문화 환경

데이브 그레이Dave Gray는 『기적의 리미널 씽킹』에서 다음과 같이 설명했다. "생각하는 방법을 발전시키면 더 큰 통찰력을 가질 수 있다." 그리고 그렇게 함으로써,

"… 다른 사람들에게 삶을 변화시킬 힘을 주어 마음의 변화를 일으킬 수 있을 것이다." 이 책에는 다음과 같은 마셜 매클루언Marshall McLuhan의 인용구도 포함되어 있다. "일단 여러분이 환경의 경계를 확인하고 나면 그것은 더는 경계가 아니다."[28]

이 인용구에서 강조하는 것처럼 경계를 만드는 것은 주어진 공간 내에서 일어나는 일을 정의하는 것이지, 결코 어떤 것을 멀리하는 것이 아니라는 것을 기억해야 한다. 실무가 속한 에이전시나 조직의 경계를 인정한다면 실무에 미치는 잠재적인 영향력을 이해하는 데 도움이 된다. 또한 실무가 중단되지 않도록 하면서 경계 안에서 실무를 구성하는 방법을 알려준다. 이러한 경계 안에서 실무가 어떻게 작동하는지에 따라 실무자뿐만 아니라 내외부의 다기능 팀원과 고객에게 포괄적이고 안전한 실무 공간을 구축할 수 있다.

포괄적이고 안전한 공간을 구축하기

콘텐츠 전략 실무는 포괄성을 존중하는 방식으로 운영되어야 한다. 능력, 성별, 인종, 성적 지향, 다른 특성의 차이와 관계없이 모든 사람을 실무에 포함해야 한다. 사람들이 차별에 대한 두려움 없이 근무지에서 있는 그대로 존재하는 것이 안전하다고 느낄 수 있도록 해야 한다.

---

28 Dave Gray, Liminal Thinking (New York: Two Waves Books, 2016), 14.

문화 환경에서 사용하는 언어

> 콘텐츠 전략가가 조직의 문화 환경을 바꿀 수 없다고 생각한다면 다시 고려해 보아야 한
> 다. 인튜이트의 콘텐츠 시스템 팀이 REALRacial Equity Advancement Leadership(인종
> 형평성 향상 리더십)팀 구성원과 협력하여 조직 내에서 차별 및 배타적인 언어가 없도록 문
> 서화한 작업을 살펴보라.[29] 이러한 작업은 보다 포괄적인 프로덕트와 향상된 UX를 만드는
> 데 도움이 될 것이다. https://contentdesign.intuit.com/ 여기에서 관련 내용을 볼 수 있다.

의도적으로 다양성을 갖추기

다양성을 언급하지 않고는 포괄성을 논하기는 어렵다. 보위안 가오Boyuan Gao
와 자한 만틴Jahan Mantin은 『다양성을 위한 디자인을 시작하는 방법How to Begin
Designing for Diversity』[30]에서 다양성과 포괄성에 대해 다음과 같이 설명한다.

"다양성Diversity은 양적인 것이다. 다양한 사람들의 구성이다. 포용Inclusion은 다
양한 사람들을 위해 디자인한 경험의 품질이기 때문에 그들은 스스로를 리더 및 의
사 결정권자로 인식한다." 그리고 가오와 만틴은 다양성을 수용하고자 하는 디자인
팀들에게 다음과 같은 중요한 질문을 던졌다. "팀 내의 정체성이 디자인 결정에 어
떤 영향을 미치고 어떤 효과가 있는가? 우리가 협업할 때 우리는 각자의 가치, 우선
순위, 목표를 가지고 들어온다. 또한, 우리의 문화적 정체성도 함께 프로젝트 테이
블에 올려 둔다."

실무에 다양성을 포함하면 다양한 디자인 목표를 달성하는 데 유리하다. 프로덕
트 테이블에 앉은 사람들 이상으로 생각을 확장해야 한다. 상황을 직면해야만 한다.
물론 항상 다양할 수만은 없다. 대신 이를 통해 같은 방식으로 같은 사람들과 같은 일

---

29 Intuit Blog Team, "6 Ways to Abolish Racist Language", Intuit Blog, 2021.2.25.

30 Boyuan Gao and Jahan Mantin, "How to Begin Designing for Diversity", The Creative Independent, 2019.9.

을 하는 것을 피할 수 있다. 프로덕트 및 서비스에 포함되지 않는 사용자가 누구인지, 그리고 이들을 포함하려면 어떤 과정이 필요한지에 대해 생각해야 한다. 이 과정은 종종 콘텐츠를 통해 사용자에게 말을 걸고 모든 사용자를 포괄하는 어조의 변화를 만들어 낸다. 콘텐츠 전략가라면 의도적으로 다양성과 포괄성을 갖추는 것이 필요하다.

조직 문화의 함정을 경계하기

조직에서 문화는 무엇을 의미하는가? 〈문화 함정The Culture Trap〉라는 기사[31]에서 켈리앤 피츠패트릭KellyAnn Fitzpatrick 박사는 『바보들을 위한 데브옵스DevOps for Dummies』라는 책의 다음 인용문을 언급했다. "문화 환경은 조직의 암묵적인 기대, 행동, 가치로 가장 잘 설명할 수 있다. 경영진이 새로운 아이디어에 대해 개방적인지 폐쇄적인지, 의문을 제기할 것인지 덮고 회피할 것인지에 따라 달려있습니다."

문화 환경의 개념은 포괄성과 다양성의 반대 의미로 '게이트 키핑Gate Keeping(메시지가 선택 또는 거부되는 현상) 및 배제'를 나타내기도 한다. 사실 조직 구조의 모든 변화에 대한 저항은 상당한 의미가 있다. 문화 환경을 탐색하고 이해하는 과정에서 우리가 확인해야 할 것들이 자연스럽게 드러날 것이다. 조직 문화의 경계를 실무 중심에서 벗어나 외부로 확장하려면 힘과 인내가 필요하다. 하지만 이는 조직 차원에서 영향력 있는 결과를 얻을 수 있다.

콘텐츠 전략 실무 구조의 가장 바깥에 있는 문화 환경은 때때로 변화가 어려울 수 있다. 그러나 강력한 핵심을 유지한다면, 다양성과 포괄성을 갖춘 문화 환경으로 전환할 수 있다.

---

31   Dr. KellyAnn Fitzpatrick, "The Culture Trap", RedMonk, 2019.10.30.

체크 리스트

콘텐츠 전략 실무가 지속과 확장이 가능하도록 하려면 강력한 핵심을 유지해야 한다. 다음 사항을 기억하자.

- [x] 자기 관리, 지속적인 교육, 부서 간 협력 관계 구축, 증가하는 수요를 처리할 리소스를 지원하여 번아웃이 생기기 전에 미리 계획을 세워야 한다.
- [x] 콘텐츠 라이프사이클이 더 큰 프로덕트 개발 프로세스에 어떻게 적용되는지 결정해야 한다. 프로젝트가 성공적으로 마무리되기 위해서는 다기능 팀원들이 참여하고 배울 수 있는 반복 가능한 프로세스가 필요하다.
- [x] 에이전시나 조직에 디자인옵스가 존재하는 경우, 디자인 실무에 통합될지 다른 팀을 위한 서비스 제공자로서 자율성을 유지할지, 무엇이 콘텐츠 전략 실무의 수명에 더 도움이 되는지 고려해야 한다.
- [x] 콘텐츠 전략 실무를 구축하고 있는 문화 환경을 위해 무엇을 할 수 있는지 확인하고, 게이트 키핑과 같이 포괄성과 다양성을 배제하는 조직 문화의 함정을 경계해야 한다.

마지막으로 중요한 한 가지가 있다. 큰 문제가 발견되지 않는 한, 강력한 핵심을 유지하기 위해 구조물을 완전히 해체할 필요는 없다. 그러나 실패의 가능성이 보인다면 블루프린트 구성 요소를 재검토하여 프로세스에서 중요한 단계를 놓치지는 않았는지 확인해야 한다. 하지만 종종 실무가 다른 팀으로 흡수되거나 완전히 사라지는 경우도 있다. 보통 이러한 구조적 실패는 피하기 어렵다. 무너진 콘텐츠 전략 실무를 다시 구축해야 할 수도 있다. 그런 상황이 발생할 때 기존 실무의 구조가 실패한 원인이 외부에서 가해진 힘 때문인지 내부 구조 때문인지 파악해야 한다.

CHAPTER 7

리툴링

3장 '프로세스 프레임워크'에서는 프로세스 프레임워크를 만드는 방법에 대해 알아보았다. 그리고 이러한 프로세스를 진행하는 과정에서 상호 작용하는 모든 다기능 팀과 부서를 참여시키는 방법도 배웠다. 또한 프로세스 프레임워크를 만들면 각 분야 간에 발행하는 핸드오프를 파악하고 좋은 결과물이 나올 수 있도록 착수부터 출시까지 실무를 일관성 있게 진행하는 것에 도움이 된다는 것을 확인했다.

도구들을 잘 사용하여 프로젝트가 성공적으로 진행되었다면, 완료된 프로젝트를 바탕으로 콘텐츠 전략에 대한 수요가 증가했을 수도 있다. 하지만 기대한 만큼 순조롭게 진행되지 않았다면 어떨까? 낙담하지 말고, 잠시 시간을 내어 다기능 팀원이나 부서 파트너들 간에 갈등이 생길 수 있는 지점, 프로세스 프레임워크의 누락된 단계를 확인해야 한다.

실무가 어떤 상황이든 간에, 이 시점은 콘텐츠 전략 실무를 구축하는 과정에서 사용하는 도구를 재고할 좋은 기회이다. 이 도구들은 기존에 사용한 도구와 아직 발견되지 않은 도구를 모두 포함한다. 리툴링Retooling이라고 부르는 이 과정은 확장과 성장을 촉진하기 위해 기존 도구 모음을 조정하고 업데이트하며 교체해야 하는지 여부를 검토한다. 이는 실무에 더 많은 인적 자원을 추가할 수 없는 상황에서 유용하다. 이 장에서는 리툴링 프로세스를 자세히 살펴보고 리툴링의 정의와 시기, 방법에 대해 자세히 설명하고자 한다.

리툴링은 모든 규모의 콘텐츠 전략 실무에 중요하다. 이전에는 수동으로 수행하던 프로세스를 자동화하는 툴을 찾을 수 있다. 예를 들어 웹 사이트 인벤토리 속도를 높여 대규모 프로젝트를 처리할 수 있도록 크롤러Crawler(웹 페이지를 방문해 정보를 자동으로 수집해 오는 프로그램)를 사용할 수도 있다. 또는 액세스 권한을 얻어 기능 간 격차를 메울 수도 있다. 즉 리툴링은 효율성과 기능을 향상하기 위해 기존의 툴과 방법을 개선하는 것이다. 이를 토대로 시장의 변화에 유연하게 대응하고, 에이전시나 조직이 성장함에 따라 실무를 신속하게 조정할 수 있다.

리툴링의 정의와 구성 요소

메리엄 웹스터 온라인 사전에 따르면, 리툴Retool의 정의는 "도구를 재장비 Reequip, 개편Reorganize, 변경Revise 또는 수정Modify 하는 것"이라고 나와 있다. 또 다른 정의는 조직이 변화함에 따라 사람들이 적응하는 것을 돕는 것이다. 리툴링 정의의 각 구성 요소는 아래와 같고, 콘텐츠 전략 실무를 구축하고 유지하는 맥락에 따라 조금씩 다르게 적용될 수 있다.

- **재장비**Reequip: 확장 및 지속 가능한 실무를 구축하는 과정에서 재장비를 위해 현재의 현재 툴셋을 자세히 검토하여 새로운 요구 사항에 맞춰야 할 필요가 있는지를 결정해야 한다.
- **개편**Reorganize: 기존의 툴셋을 정리한다. 그리고 향후 진행될 실무를 대비해 모든 툴을 준비한다. 또한 프로젝트를 제시간에 효율적으로 완료할 수 있도록 돕는 이정표를 지원하는 작업도 포함된다.
- **변경**Revise: 실무 툴셋을 변경하는 것은 기존 툴의 기능이 향상될 수 있도록 업데이트하고, 이러한 툴의 대체 용도를 찾는 것을 목표로 하여 재장비 및 개편이 합쳐진 것을 의미한다.
- **수정**Modify: 다양한 프로젝트를 수행하거나 전체적인 효율성을 높이고 실무의 방향을 바꾸기 위해 기본적으로 툴셋을 수정하는 것을 의미한다.

어떤 접근 방식을 선택하든 성장과 확장을 위해서는 리툴링이 필수라는 사실을 기억해야 한다. 또한 안정성을 유지하는 동시에 끊임없이 변화하는 디지털 분야의 속도에 맞춰 가기 위해서도 중요하다.

리툴링의 시기

어떤 리툴링 접근 방식을 실무에 적용하든 리툴링은 한 번에 완료되는 프로세스가 아니다. 고객이나 조직의 변화에 발맞추고 경쟁력을 유지하기 위해 필요한 비즈니스 목표는 계속해서 수정될 수 있는데, 이를 예측하기 위해서 리툴링은 실무를 조정하는 데 초점을 맞추고 콘텐츠 전략의 성과를 정기적으로 평가하는 방법으로 이루어져야 한다.

그래서 정확히 언제 리툴링 해야 하는가? 상황에 따라 달라진다. 해당 분야가 변화하거나 새로운 기능, 프로덕트, 서비스에 대한 수요가 증가함에 따라 다양한 변수가 생길 것이고 이에 따라 프로젝트의 전체 주기도 달라질 것이다. 혹은 분기나 1년을 주기로 진행하는 조직 내부 점검과 동일하게 리툴링의 시기를 정할 수도 있다. 최소한 아래와 같은 콘텐츠 전략 실무가 변경되는 주요한 지점에서 리툴링을 고려해야 한다.

- **성장 또는 확장을 고려하는 경우:** 만약 실무가 성장통을 겪기 시작했고, 늘어나는 수요를 따라잡기 위해 고군분투하고 있다는 것을 깨닫는다면 좋은 일이다. 리툴링에 적절한 시기이기 때문이다. 실제로 실무에 가치를 더할 수 있는 아이디어가 있다면 이러한 변화를 예측하여 사전에 재설계할 수 있다. 예를 들어 콘텐츠 전략을 유지하기 위한 맞춤형 스타일 가이드라인을 만들거나, 콘텐츠 모델 문서를 제공하여 콘텐츠를 다시 사용할 수 있게 도울 수 있다.
- **새로운 실무자를 영입하는 경우:** 새로운 실무자를 영입한다면 기존의 기능이 향상되고, 새로운 기능이 추가되기도 한다. 어느 쪽이든 실무자의 수가 증가하여 리툴링을 진행하게 되면 기존의 툴셋에 어떤 새로운 툴을 추가할 수 있는지를 고려해야 할 뿐만 아니라, 기존의 실무자가 강점을 발휘하고 신규 실무자의 기술을 보완하는 방법을 함께 고려해야 한다.

- **실무자들이 떠나는 경우:** 일부 실무자가 떠난 후 실무에 공백이 생긴다면 리툴링
  은 그 공백을 어떻게 채울지를 알아내는 데 도움이 된다. 이는 예산이나 다른 제
  약 때문에 새로운 실무자를 채용하기 어려운 경우 특히 중요하다.

이처럼, 리툴링은 툴과 프레임워크만을 위한 것이 아니라 사람을 위한 것이기도 하다. 새로운 프로덕트가 개발되거나 새로운 서비스가 제공됨에 따라 실무 및 실무자 역시 함께 발전해야 한다. 훈련을 통해서든, 자격증을 취득하든, 다른 새로운 기술을 통해서든 모든 실무자의 역량을 높이는 것은 콘텐츠 전략 실무의 건전성과 안정성, 지속 가능성에 기여한다는 사실을 기억해야 한다.

콘텐츠 로드맵

콘텐츠 로드맵은 비즈니스 목표 맥락에서뿐만 아니라 비즈니스 목표와는 무관한 콘텐츠 기회를 파악하여 콘텐츠 전략 자체가 어디로 향하고 있는지를 본격적으로 성장하기 전에 파악할 수 있다. 또한 콘텐츠 로드맵을 작성하면 프로젝트에 구애받지 않는 방식으로 문서화할 수 있으며, 이를 통해 실무를 지원할 수 있다. 이 매트릭스를 통해 콘텐츠 소유자, 법률 또는 규제 검토자, 콘텐츠 관련 일정 등을 확인할 수 있다. 이 정보들을 추적하면 궁극적으로 정보를 검색하거나 콘텐츠를 검토할 때 드는 시간과 비용을 절약할 수 있다.

콘텐츠 로드맵을 작성하면 콘텐츠를 생성하거나 업데이트해야 하는 등의 요청이 들어온 경우에만 갑자기 실무가 실행되는 것을 방지할 수 있다. 즉 일상적인 콘텐츠 전략으로서 기능하게 된다는 의미다. 그러나 동시에 일상적인 것을 뛰어넘지 못한다면, 실무가 만드는 가치에 대한 인식도 제한적일 수밖에 없다. 프로젝트 기반 이외의 가치를 더하기 위해 능동적이고 혁신을 받아들이는 방식으로 콘텐츠 전략 실

무를 포지셔닝해야 한다.

콘텐츠 로드맵은 일반적으로 애자일 기반 조직에서 만들고 유지 관리한다. 조직에서 워터폴 방법론을 실행한다면 간트 차트 또는 비즈니스 목표와 관련된 프로젝트 및 우선순위를 시간 경과에 따라 추적할 수 있는 유사한 툴을 찾을 수 있을 것이다. 이것을 에이전시에서 바라보는 것과 사내 관점에서 바라보는 것은 조금 다르다. 사실 실무가 에이전시 기반이라면, 어떻게 프로젝트와 관련이 없는 로드맵을 수립할 수 있을까? 하지만 고정관념에서 벗어나야 한다. 프로젝트 결과물이 미완성일 때 어떻게 실무의 수준을 높일 것인지를 파악하기 위한 콘텐츠 로드맵을 작성해야 한다. 그림 7.1은 콘텐츠 로드맵이 어떤 모습일지에 대한 예시를 보여준다.

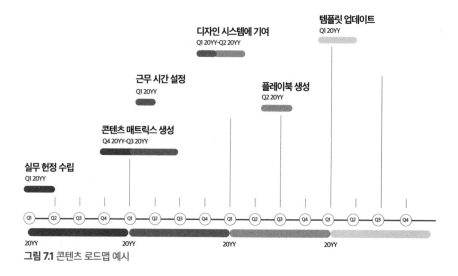

그림 7.1 콘텐츠 로드맵 예시

콘텐츠 전략 로드맵을 사용하면 다음과 같은 콘텐츠 이니셔티브의 우선순위를 지정하고 추적할 수 있다.

- 콘텐츠 인벤토리에서 수집한 정보를 기반으로 콘텐츠 매트릭스를 생성한 다음, 콘텐츠를 용이하게 관리하기 위해 추가 정보를 추적할 수 있도록 구성하라.

- 리소스의 중앙 저장소를 만드는 것을 목표로 여러 고객들과 프로젝트에서 반복
  적으로 사용할 수 있는 결과물 템플릿을 만들어라.
- 업무 능력을 강화하는 새로운 툴과 방법론을 찾아 적용해 보라.
- 지속적인 학습 문화를 조성하여 콘텐츠 전략 지식 기반을 구축하라.
- 워크숍, 웨비나, 미팅 등에 참여하여 실무 관련 지식을 확장하고 역량을 높여라.
- 에이전시 동료와 파트너를 위한 런치앤런 및 내부 워크숍 일정을 조율하여 실무
  의 목적에 대한 이해도를 높여라. 이를 통해 동료들과 현재 그리고 향후에 협력
  하는 방법도 확인하라.

기본적으로 리툴링에 접근하는 하나의 방법으로 간단한 콘텐츠 로드맵을 만들
수 있다. 이러한 활동이 특정 고객과 관련되지 않거나 프로젝트별 이정표와 연결되
지 않더라도 향후의 고객 또는 프로젝트에 대한 부가 가치를 가져올 수 있다. 또한
실무자들의 집단적 지식이 넓어지고 깊어질수록, 처음 기본적인 서비스에 가입하
는 고객에게 부가 가치를 제공할 수도 있다.

핵심 개념 넓은 범위의 리툴링

> 넓은 범위의 리툴링을 고려해야 한다. 리툴링을 진행할 때는 다기능 팀원들과 실무의 내
> 부 작업에 반복적으로 노출되는데, 이 과정에서 아이디어를 가진 파트너들을 파악한 뒤 추
> 가해야 한다. 다기능 팀과 함께한 프로젝트를 복기하거나 기타 팀과의 작업을 점검할 수 있
> 다. 또한 프로세스 프레임워크가 얼마나 잘 작동하는지를 평가하고 적절한 제안이 있을 때
> 이를 콘텐츠 로드맵에 추가할 수도 있다.

실무에서 수행할 활동 목록을 작성한 후 현재 진행 중인 프로젝트에 대해 알고 있
는 정보를 향후 예상되는 프로젝트에 대한 로드맵, 간트 차트, 기타 타임라인에 연결
할 수 있다. 그런 다음 작성해 둔 활동 목록을 기준으로 콘텐츠 로드맵에 배치한다.

표면적으로는 조직 내에서 실무를 수행하고 있는 사람들이 이 작업을 쉽게 할 수 있을 것이다. 결국 조직은 쉽게 접근할 수 있는 로드맵이나 타임라인을 가지고 있을 가능성이 크며, 이를 통해 콘텐츠 전략 실무의 우선순위를 전체적인 비즈니스 목표와 연계할 수 있다. 그러나 정해진 틀에서 벗어나서 생각해야 한다. 프로젝트 수준 이상에서 가능한 것들을 생각하고, 어떻게 실무에 가치를 더할 수 있는지를 고민해야 한다.

핵심 개념 **엔드 투 엔드 안에서 효율적으로 관리하기**

'엔드 투 엔드'라는 표현은 자주 등장하지만 잘못된 의미로 사용되기도 한다. 엔드 투 엔드는 콘텐츠 전략(사실상 프로덕트 개발)이 실제로는 순차적인 과정이라고 설명한다. 하지만 중요한 점은 콘텐츠 전략도, 리툴링도 순차적이지 않다는 사실이다. 콘텐츠는 프로덕트와 서비스처럼 기업이 생성하여 제공하는 자산이기 때문에 이 점을 기억하여 엔드 투 엔드의 큰 흐름 안에서도 효율적으로 관리해야 한다.

콘텐츠 플레이북

실무가 성장하면서 접근 방식, 프로세스 및 절차, 결과물이 늘어나게 된다. 이런 상황에서 중요한 정보를 나눠서 저장하는 것은 관리가 어렵고 최악의 경우 완전히 지속 불가능하게 된다. 콘텐츠 플레이북을 만드는 것이 이 정보를 추적하는 가장 좋은 방법 중 하나다. 플레이북은 프로세스와 결과물을 모두 포함하여 저장하는 실제 문서로서, 리더나 관리자가 실무에 대해 믿을 수 있는 자료가 되며 실무가 변경됨에 따라 수정할 수 있다.

콘텐츠 로드맵을 문서화하는 방법과 유사하게 실무자, 다기능 팀원, 기타 파트너와 정기적인 브레인스토밍을 진행할 수도 있다. 플레이북의 형식과 정보가 저장되는 위치는 다양한 온라인 툴을 활용할 수 있다. 협업 중인 다른 팀과 논의하여 플레이북을 작성할 때는 에이전시 또는 조직에서 가이드로 사용할 수 있는 다른 플레이북이 있는지를 확인하는 것도 좋다.

콘텐츠 플레이북에 무엇을 포함할지는 콘텐츠 전략가에게 달려 있다. 플레이북의 내용을 구성할 때, 내부 관계자와 같은 향후 플레이북을 검토할 대상을 고려해야 한다. 또한 에이전시 기반의 실무라면 고객과 플레이북을 공유하여 진행 상황을 보여주고 이를 통해 프로젝트에 가치를 부여하는 콘텐츠 전략 실무에 대해 이해할 수 있도록 도와야 한다. 표 7.1에는 플레이북에 포함할 수 있는 구성 요소가 정리되어 있다. 상황에 따라 일부 구성 요소는 플레이북에 적용될 수도 있고 그렇지 않을 수도 있다.

플레이북 구성 요소	옵션
콘텐츠 관리 시스템 CMS	콘텐츠를 게시하는 데 사용되는 CMS, 실무와 관련된 상호 작용에 대한 개요다. 더 자세한 설명이 필요한 경우 문서 링크를 포함한다.
콘텐츠 매트릭스	매트릭스의 목적, 업데이트 빈도, 정보 카테고리 목록에 대한 설명이다.
콘텐츠 모델	실무에서 콘텐츠 웹 또는 모바일 UX에 대한 콘텐츠 요소를 문서화하기 위해 콘텐츠 모델을 만드는 경우, 각 모델을 명칭별로 나열하고 간단한 설명과 함께 용도와 링크를 포함한다.
콘텐츠 목표 및 원칙	일반적으로 콘텐츠의 목표는 광범위한 비즈니스 목표를 지원하기 위해서이며 이러한 목표를 달성하기 위해 콘텐츠에 접근하는 관점을 다룬 원칙 목록이다.
콘텐츠 전략 템플릿	다양한 콘텐츠 전략 실무 및 결과물에 대해 사용하는 템플릿 목록이다.
컨택포인트	실무에 참여하는 다기능 팀원의 컨택포인트 목록이다.
결과물 목록	프로젝트로 인해 생성될 수 있는 모든 잠재적인 결과물 목록이다. 그러나 모든 결과물이 모든 프로젝트에 적용되는 것은 아니다.
실무 헌장	실무 헌장의 전문이다. 이 문서는 그 안에 포함된 모든 것들에 대한 방향을 결정하므로 플레이북의 시작 부분에 배치하는 것이 좋다.
실무 역량	카피라이팅부터 콘텐츠를 CMS에 입력하고 관리하는 것까지, 실무에서 제공하는 모든 서비스에 대한 내용이 포함된다.
프로세스 문서화	실무를 지원하는 프로세스 프레임워크에 대한 설명이다.
프로세스 프레임워크	프로세스 프레임워크를 시각적으로 나타낼 수 있다. 실제 결과물에 대한 링크도 포함한다.
프로젝트 요약	실무에서 처리한 프로젝트에 대한 개요다. 간단한 문제 설명과 해결을 위한 접근 방식을 포함한다.
성과 측정 매트릭스	성과를 측정하는 데 사용되는 매트릭스 목록이다.
툴 목록	콘텐츠 전략 수립을 위해 프로젝트 수준에서 사용되는 툴 목록이다. 도표를 사용하여 시각적으로 나타낼 수 있다.

표 7.1 콘텐츠 플레이북의 구성 요소 예시

교수 설계와 콘텐츠 전략

베르니 슝Berni Xiong | 교육 디자이너, 코치, 콘텐츠 전략가

교수 설계를 시작하기 10년 전쯤, 베르니 슝은 교육 과정을 만들고 공공 및 민간 부문에 걸쳐 교육과 워크숍을 제공하는 데 중점을 둔 개발 분야의 전문 코치였다. 슝은 서비스를 실행하기 위해 콘텐츠 제작을 포함한 다양한 역할을 도맡았다. 코칭 및 교육에 대한 그녀의 기술은 교육 디자인으로 전환하는 데 큰 도움이 되었지만, 곧 콘텐츠 전략에 대한 본인의 지식에는 한계가 있음을 깨달았다. "교육 콘텐츠를 만들다가 문득 모든 것이 잘못되고 있다는 사실을 깨달았습니다. 이 모든 것에는 반드시 타당한 이유가 필요했습니다." 이후에는 교수 설계 분야를 비롯해 콘텐츠 전략에 대한 전문적인 지식을 쌓고 여러 분야의 다양한 역할과 특성을 파악하기 시작했다.

슝은 교수 설계와 콘텐츠 전략, 두 분야에서 공통적으로 필요한 것은 탐색적인 질문이라고 말했다. 이는 교수 설계에서의 학습자와 프로덕트의 최종 사용자를 알아가는 일이라고 덧붙였다. "우리는 그들에게 귀를 기울여야 합니다. 왜냐하면 해결 방법을 제시하는 데 있어 그들이 가장 중요하기 때문입니다." 그녀는 두 분야를 모두 포괄하면서 교수 설계 및 콘텐츠 전략 간에 공유되는 일반적인 접근 방식 목록을 아래와 같이 정리했다.

- 청중을 파악하라.
- 페인 포인트Pain Point를 파악하라.
- 목표를 확인하라.
- 지식 또는 콘텐츠의 격차를 파악하라.
- 격차를 해소하는 데 도움이 될 경로를 설계하라.

동시에 차별화 지점을 파악하는 것도 중요하다. "인터뷰를 진행하는 동안 청중을 더 잘 파악하기 위해 노력합니다. 그들의 행동이나 스타일을 이해하기 위해 질문을 던질 수도 있어요." 교수 설계와 콘텐츠 전략, 두 분야 모두 문제점을 파악하기 위해 학습자와 사용자의 현재 상태에 집중한다. "학습자와 사용자에게 우리가 그들을 '파악했다'는 사실을 보여주었나요? 바로 여기서 차별점이 생깁니다."

프로세스와 플레이북

앤디 웰플 Andy Welfle | 어도비Adobe 콘텐츠 디자인 책임자

어도비의 앤디 웰플 팀은 코드화된 플레이북을 사용해 프로세스를 문서화하지 않는다. 대신 사례 연구를 통해 내부적으로 문제에 관해 설명하고 콘텐츠 전략가가 프로덕트 팀에 통합되어 문제를 해결하는 방법을 보여준다. "우리는 이를 공유하면서 메타적인 측면에 관한 이야기를 나누고 있습니다."

콘텐츠에 대한 접근 방식은 프로덕트마다 다를 수 있어서, 웰플은 플레이북이 조직 전체에 걸쳐 보편적으로 관련이 있는지는 알지 못한다. 여전히 그는 자신의 팀과 그들이 만들어 내는 작업을 디자인 전략 및 운영에 잘 통합시키려고 노력 중이다. "우리 디자인 팀이 전반적으로 해내려고 하는 것 중 하나는 훨씬 더 잘 연결된 업무 모델을 고안하여 사내에서 디자인 팀의 위치를 보여주는 것입니다."

웰플은 팀이 수행하는 작업과 방식, 가치를 추가하는 방법 등을 공유하는 데 도움이 될 다른 방법들을 고려했다. 결국 플레이북을 만들든 혹은 다른 형식으로 공유하든 이러한 종류의 문서가 필요한지, 이 문서는 누구를 위해 작성되는 것인지, 그리고 어떤 형식이 가장 적절할지를 결정해야 한다.

핵심 개념 | 프로덕트 및 서비스를 강화하는 추가 파트너십 탐색

리툴링을 시작하면서 다음과 같은 새로운 분야가 추가되었거나 현재 팀원들의 실무 역량을 높일 수 있는 새로운 기회를 파악하는 등 기존에 없었던 추가적인 파트너십이 있는지 확인해야 한다.

- **시각 디자인**: 디자인 및 콘텐츠 원칙을 공동으로 생성
- **교수 설계**: 고객 경험, 지식 기반과 관련된 콘텐츠 전략에 대한 협업
- **엔지니어링**: 콘텐츠 모델링이 실무 기능의 일부라면, 콘텐츠에 관심 있는 엔지니어와 협력하여 콘텐츠 모델 문서의 저장소 생성

체크 리스트

리툴링은 콘텐츠 전략 실무를 유지하는 데 꼭 필요한 일이다. 그러나 리툴링은 도구를 유지 보수하는 데에만 국한된 것이 아니다. 이미 사용 가능한 도구를 활용할 수 있는 혁신적인 방법을 생각하는 동시에 새로운 도구를 탐색하는 기회에 관한 것이다.

☑ 실무에 사용되는 도구를 리툴링할 때 접근 방식이 재장비, 개편, 변경, 수정, 그 어떤 것이든 리툴링을 통해 콘텐츠 전략 실무를 안전하고 성공적으로 확장할 수 있다.

☑ 리툴링을 위한 정기적인 케이던스를 설정하는 것을 고려하라. 변화하는 사용자의 니즈와 비즈니스의 목표에 대응하여 혁신을 지원하기 위한 콘텐츠 전략 실무를 수립할 수 있다.

☑ 콘텐츠 로드맵과 플레이북을 만드는 것은 리툴링과 함께 진행된다. 이러한 문서를 작성하고 유지 관리하면 실무를 문서화해 일종의 사용자 매뉴얼을 만들 수 있다.

리툴링, 로드맵, 플레이북은 실무를 통제하고 확장하는 최선의 결정을 내리는 일이다. 이는 실제로 두 가지의 목표를 강화하기 위해서이다. 콘텐츠 모범 사례를 강화한다는 점에서 규범적이어야 하고, 콘텐츠에 문제가 발생하기 전에 예측하고 해결할 수 있도록 한다는 점에서 적극적이어야 한다. 이러한 두 가지 목표를 향한다면, 콘텐츠는 시간과 리소스를 투자할 만한 가치가 있는 핵심 자산이 될 것이다.

CHAPTER 8

지속 가능한
성장을 위한 발판

교육 분야에서 스캐폴딩Scaffolding은 학생들이 새로운 개념을 배우는 것을 돕는다. 마찬가지로 건축 분야에서의 스캐폴딩은 건축물을 둘러싸도록 지어진 임시 구조물로써 지지대 역할을 한다. 이러한 두 가지 예시의 공통점은 성장을 돕는다는 것이다. 더피플대학교The University of the People에 따르면, "스캐폴딩이라는 용어는 가르치는 과정을 의미한다. 스캐폴딩에서 교사는 학생들을 위해 문제 해결 방법을 알려주거나 보여준다. 그런 다음 학생들에게서 한 걸음 물러나 스스로 문제를 해결하도록 요청이 있을 때만 도움을 준다."[32]

이 장에서는 콘텐츠 전략 실무의 지속적인 성장과 확장에 필요한 발판에 관해 설명한다. 이는 콘텐츠 전략 성숙도를 평가하고 안전한 확장 및 성장을 위한 가이드라인을 수립하는 데 도움이 된다. 또한 실무가 꾸준히 발전하면서 에이전시나 조직 내 다른 부서 파트너와의 관계를 관리하는 데 사용되는 몇 가지 접근 방식도 제공한다.

콘텐츠 전략 성숙도 모델 외에도, 많은 조직이 의사 결정 및 우선순위 지정에 사용하는 RACI, RAPID, SWOT 등의 모델을 비롯한 프레임워크를 확인할 수 있다. 이러한 용어를 접해본 적이 없어도 걱정하지 않아도 된다. 이 장 후반부에서 각각의 용어에 대해 설명할 것이다. 프레임워크의 언어들을 UX 및 다기능 팀원을 통해 이해관계자와 잠재적 파트너들에게 전달하는 방법을 배울 것이다. 또한 실무의 지속성을 강화하면서 동시에 리더십의 언어를 사용할 수 있는 위치를 어떻게 정할 수 있는지 알게 될 것이다.

---

32 "What Is Scaffolding in Education? Your Go-To Tips and Tricks", UoPeople (blog), University of the People.

콘텐츠 전략 성숙도 모델

리툴링에 대해 설명한 이전 장에서는 현재 사용하는 도구가 실무를 확장하기에 충분한지 아닌지 평가하는 것을 배웠다. 콘텐츠 전략 성숙도 모델은 콘텐츠 전략 실무가 진행되는 동안 위치를 파악하여 확장할 준비가 됐는지를 살펴보기 위한 것이다. 우선 미숙한 상태에서 능숙한 상태까지의 궤적을 따라 성장 단계를 파악하고, 콘텐츠 전략 리소스가 부족한 상태부터 에이전시나 조직 전체에 걸쳐 콘텐츠 전략이 도입되기까지의 과정을 추적한다. 즉 콘텐츠 전략의 성숙도를 확인하면 현재 어느 단계에 있는지를 알 수 있으므로 어디부터 성장해야 하는지, 그리고 나중에는 어떻게 성장해야 하는지를 파악할 수 있다.

UX 전문가인 자레드 스풀Jared Spool은 〈UX 티핑 포인트를 넘어서〉라는 제목의 글에 다음과 같이 썼다. "UX 티핑 포인트Tipping Point(작은 변화들이 쌓여 작은 변화가 하나만 더 일어나도 큰 영향을 초래할 수 있는 상태)는 조직이 더 이상 잘 설계된 UX와 타협하지 않는 순간을 의미한다."[33] 디즈니의 매직 밴드를 예로 들어보자. 스풀은 다른 조직이 티핑 포인트를 넘어서려면 우선 UX가 시간이 지남에 따라 조직의 모든 레벨의 팀에 포함되는 성장 단계를 거쳐야 한다고 말한다.

---

33 Jared M. Spool, "Beyond the UX Tipping Point", UIE, 2014.11.12.

핵심 개념 **월트디즈니월드의 티핑 포인트, 매직 밴드**

디즈니 매직 밴드는 손님들이 방문하는 동안 공원의 다양한 터치 포인트 센서와 상호 작용할 수 있도록 해주는 웨어러블wearable 장치다. 월트디즈니월드 웹 사이트에 소개된 글이다. "매직 밴드와 함께 가벼운 여행을 하세요. 공원에 입장하고, 호텔 방을 열고, 음식과 기념품을 사는 데 사용하세요."[34] 이 장치는 착용한 사람에게 간결하고 개인화된 경험을 제공하며, 많은 UX 실무자들이 UX의 좋은 예시로 꼽았다.

그리고 이러한 티핑 포인트에 도달하면 조직은 비즈니스의 요구 사항을 충족하고, 후속 출시 상황에서 수정이 필요한 프로덕트나 기능 또는 서비스를 제공하는 대신 더 이상 양질의 UX를 저해하지 않는 프로덕트를 제공하기 시작한다. 스풀에 따르면, UX의 중요성이 웹 사이트나 애플리케이션의 한계를 넘어 조직의 모든 부분에 뿌리를 내리는 지점이 바로 이 티핑 포인트다.

모든 조직에는 고유의 프로세스와 사용자의 요구 사항이 있으므로 적절히 조정해야 할 수도 있다. 그러나 콘텐츠 전략 성숙도 모델을 사용하여 콘텐츠 전략의 성숙도를 측정하면 지속 가능한 방식으로 확장하는 데 도움이 된다. 콘텐츠 전략의 가치를 얼마나 잘 이해하고 있고, 에이전시나 조직에서 이 가치가 얼마나 확립되어 있는지를 확인해야 한다. 또한 콘텐츠 전략 실무의 방식이 얼마나 성숙해졌는지 또는 얼마나 성숙해질 수 있는지에 대해 평가해야 한다.

---

34 "Understanding Magic Bands", Disneyworld.

티핑 포인트

2017년 자레드 스풀의 '티핑 포인트를 넘어서Beyond the Tipping Point'를 주제로 한 강연에 참석했다. 그 당시 나는 중소기업에서 콘텐츠 전략가가 된 지 2년쯤 된 시점이었다. 프로덕트 매니저가 사용자를 위해 개발한 모든 프로덕트 또는 서비스에 통합된 콘텐츠 전략 실무를 필수적인 요소로 설정하는 것이 얼마나 중요한지 UX 디자인 리더에게 설명하는 데 어려움을 겪던 중이었다. 그때 스풀의 글을 읽고 깊이 공감했다. 그래서 그가 강연을 한다고 했을 때 그 기회를 놓치지 않았다.

강연은 UX에 대한 풍부한 정보로 가득했고 두 가지의 새로운 개념도 등장했다. 강연에서는 실무를 수립하고 성장시키는 임무를 맡은 많은 콘텐츠 전략가들이 토로했던 어려움들을 직접적으로 다루었다. 바로 이해의 성장 단계와 조직의 UX 디자인 성장 단계에 대한 것이었다.

나는 스풀이 말하는 성장 단계가 내가 구축하려는 콘텐츠 전략 실무에 어떻게 적용되는지를 열심히 메모했다. 조직의 투자로 이미 시작된 콘텐츠 전략을 어떻게 지원할 수 있는지를 더 잘 설명하기 위해 UX 리더와 공통의 언어로 말하는 방법을 찾았다. 스풀에게 영감을 받은 나는 콘텐츠 전략 성숙도 모델의 경로를 계획하여 어떻게 실무를 확장시켜 이를 보완하고 최종적으로는 UX에 포함할 수 있는지 그 방법을 찾을 수 있었다.

현재 위치를 파악하기

콘텐츠 전략 성숙도 모델의 4단계는 1960년대 마틴 브로드웰Martin Broadwell에 의해 처음 소개되었고,[35] 이후 매니지먼트 트레이너인 노엘 버치Noel Burch에 의해

---

[35] Martin M. Broadwell, "Teaching for Learning (16)", (newsletter, The Gospel Guardian), 1969.2.20.

무의식적 미숙	의식적 미숙	의식적 능숙	무의식적 능숙
조직 또는 고객의 콘텐츠에 대해 모르는 것이 무엇인지 모르지만 개선할 수 있다는 것을 안다.	이전의 결과가 아무 가치도 더하지 못했다는 것을 알고 있으며, 콘텐츠에 대한 전략적 접근 방식을 구현하기 위해 계속 노력 중이다.	프로세스 프레임워크를 계속 구현하고, 기존의 도구를 사용하며 반복 가능한 절차를 정의해 콘텐츠 결과를 개선한다.	프로덕트 로드맵 외의 기회에 대해 사전에 협의하고, 콘텐츠 중심의 로드맵을 작성한다.
가치를 더할 수 있는 결과를 얻었으나 목표는 달성하지 못했다.	좋은 결과를 얻기 위해 프레임워크를 만들고 다양한 툴을 사용하는 비즈니스 사례에 영향을 받는다.	결과의 품질이 조금씩 향상된다. 콘텐츠 전략은 프로세스의 초기 단계에서 프로덕트 출시 및 기타 계획 활동에 도입된다.	콘텐츠 목표는 조직의 목표가 된다. 이러한 목표는 콘텐츠 전략의 가치를 지속적으로 입증하는 작업을 보여주기 때문이다.

표 8.1 콘텐츠 전략 성숙도 모델 4단계

알려졌다. 표 8.1은 콘텐츠 전략 성숙도 모델의 4단계를 보여준다.

가장 초기 단계에서는 고객이나 조직의 콘텐츠에 대해서는 거의 알지 못하지만 개선할 수 있다는 것은 알고 있다. 그러나 콘텐츠에 대한 전략적 접근 방식을 채택하는 것이 어떻게 가치를 더할 수 있는지, 콘텐츠를 왜 비즈니스 자산으로 관리해야 하는지는 알지 못한다. 이 시점에서는 아직 콘텐츠 전략의 가치를 명확하게 제안하기 어려우며, 콘텐츠 리소스를 공식적으로 실무에 결합하는 일도 쉽지 않다. 하지만 괜찮다. 이 단계는 중요한 학습 단계이다. 콘텐츠에 대해 알아야 할 모든 것을 파악하고, 콘텐츠 전략을 세우는 방법을 배우며, 학습한 내용을 기존의 콘텐츠에 적용하는 법을 파악하여 작은 프로젝트에 영향을 미칠 수 있다.

초기에는 콘텐츠에 대해 더 잘 알기 위해 검색 작업을 수행하는 것이 가치가 없는 것처럼 보일 수 있다. 무의식적 미숙 단계에서 의식적 능숙 단계까지 나아가다 보면, 콘텐츠 전략가로서 파트너와 협력 관계를 맺는 것의 가치를 높이 평가하는 다기능 팀원들이 있다는 것을 알게 될 것이다.

그들과 함께 의식적 능숙 단계로 나아가면서 콘텐츠 전략의 가치를 알리기 위해 실무자들을 위한 자리를 마련할 것이다. 그들은 요청하지 않아도 콘텐츠에 관해 묻기 시작할 것이다. 예를 들어, 필요한 콘텐츠가 시각 디자인을 방해할 수 있다는 점을 지적할 수 있다. 콘텐츠 전략가를 회의에 초청하여 UX 동료들과 협력해 콘텐츠와 디자인이 함께 고려되도록 할 수도 있다. 결국 이러한 과정은 콘텐츠를 가장 나중에 생각하지 않고 핵심 사항으로 고려하는 기준이 될 것이다.

이러한 단계들 사이를 오고 갈 수도 있다. 또는 수정하는 과정을 반복해야 할 수도 있다. 프로세스 프레임워크를 구현한 경우라면 프로세스 프레임워크를 계속해서 조정하여 성장할 수 있는 영구적인 공간을 개척해 보라. 마지막 단계에서 콘텐츠 전략의 가치를 확인하게 될 것이다.

콘텐츠 전략이 협력 관계에 있는 사람들과 함께 마지막 단계에 도달했다. '무의식적'이라는 단어의 의미는 이전 단계에서는 지지와 인식의 변화가 요구됐지만, 이제는 콘텐츠 전략이 자동적으로 이니셔티브의 일부가 되었다는 것이다. 콘텐츠를 자산으로 간주하는 것이 익숙한 조직에서는 콘텐츠 중심 이니셔티브를 능동적으로 추진하고, 비즈니스에 가치를 더하는 콘텐츠를 위해 콘텐츠 전략 로드맵을 구축할 수 있다.

성장하는 방법과 시점에 대해 이해하기

표 8.2의 성숙도 모델을 보면, 지속 가능한 확장 및 성장 방법과 시점을 더 잘 이해할 수 있도록 조직의 콘텐츠 전략 성숙도에 초점을 맞추고 있는 것을 알 수 있다. 콘텐츠 전략 리소스가 매우 부족한 상황부터 시작해 리소스가 점차 확보되는 상황, 콘텐츠 전략이 필요에 따라 프로젝트 팀에 제공되는 서비스로 받아들여지는 상황에 이르기까지, 5단계의 성숙도가 있다. 그리고 콘텐츠 전략은 모든 프로덕트 팀 또는 조직 전체에 적용되는 최종 단계로 이동하게 된다.

콘텐츠 전략 부재	비정기적인 콘텐츠 전략	서비스형 콘텐츠 전략	공식적인 콘텐츠 전략	통합된 콘텐츠 전략
콘텐츠 전략이 없거나, 콘텐츠 리소스가 거의 혹은 전혀 없거나, 이전 콘텐츠 리소스가 비즈니스 상의 이유로 제거되었다.	콘텐츠 리소스가 통합되어 비정기적인 콘텐츠 전략을 적용하기 시작한다. 일부 성공은 했지만, 여전히 부가 가치보다는 방해 요소로 간주된다.	콘텐츠 전략은 정식으로 다양한 프로젝트 및 이니셔티브에 대한 서비스이자 프로덕트로서 정기적으로 제공되기 시작한다. 그리고 가치를 입증하기 위한 적절한 성공 측정이 진행된다.	콘텐츠 전략 리소스는 공식적인 실무로 구성되며, 실무자는 프로젝트 팀에 포함된다. 콘텐츠 전략은 프로덕트 로드맵과 프로젝트 규모 조정 및 프로세스에 관여 및 자문한다.	프로덕트 팀의 모든 사람은 완벽한 UX를 만들기 위해 콘텐츠 전략의 중요성을 이해하고 있다. 콘텐츠 전략 분야 및 실무는 조직에 가치를 제공하는 비즈니스 자산으로 인식된다.

표 8.2 콘텐츠 전략 성숙도 모델 5단계

글로벌 기업 실무자들의 조언

맥아피의 콘텐츠 전략 성숙도

바르넬리 바네르지Barnali Banerji | 맥아피McAfee 디자인 및 리서치 관리자

UX 콘텐츠 전략 가치를 중심으로 성숙도를 높이는 접근 방식은 조직 또는 에이전시마다 다를 수 있지만, 어떻게 성장해야 하는지 이해하기 전에 현재 어느 수준에 해당하는지 정확하게 평가하는 것부터 시작해야 한다.

바르넬리 바네르지는 이 모든 것을 너무 잘 알고 있다. "맥아피는 조직 내에서 다양한 수준의 CX 관련 경험을 보유하고 있습니다. 물론 가장 높은 수준은 콘텐츠 실무 안에 있습니다. 하지만 콘텐츠 전략가가 프로덕트 외부에서 무엇을 할 수 있는지는 광범위하게 이해되지는 않습니다. 마케팅 콘텐츠라면 이해되지만 UX 콘텐츠의 경우에는 이해되지 않는 경우가 더 많습니다." 지속 가능한 성장을 위한 경로를 계획하는 것은 콘텐츠 전략 성숙도의 점진적인 단계를 추적하는 것에서 시작된다. 콘텐츠 분야 전반에 걸쳐 능숙도를 향상하기 위해서 바네르지는 콘텐츠 전략가들이 자신들의 작업에 대해 다른 방식으로 말하는 법을 배우는 것을 돕기 시작했다. "대화는 사용자 문제에서 출발합니다. 그리고 UX 원칙을 사용해 콘텐츠 전략가의 결정에 관해 이야기합니다."

바네르지는 콘텐츠 전략가들이 비즈니스 문제를 해결한 방법과 관련하여 그들의 성과를 파악한다. 그리고 전체가 참여하는 회의에서 이러한 이야기들을 공유하는 것을 권장한다. 예를 들어, 콘텐츠 전략가는 전체 개발 회의에 참석해 개발 속도를 높이는 방법을 공유할 수 있다. 또한 바네르지는 경영진과 효율적으로 소통하는 방법에 대해서도 지도한다. 그녀는 여러 회의에 참석하면서 알게 된 다양한 리더의 역할도 수행한다. "내 팀의 리더들이 관심 있는 분야를 이해하는 데 도움이 될 관점을 가져올 수 있도록 노력합니다."

그리고 이러한 접근 방식은 콘텐츠 전략가가 특정 리더에게 어떤 것이 공감을 불러일으킬 것인지, 그들에게 중요한 내용이 무엇인지에 집중하는 방법을 배우는 데 도움이 된다. "만약 성공에 대한 이야기를 의미 있는 방식으로 할 수 있게 된다면, 사람들은 팀과 프로젝트에 가져올 수 있는 가치를 이해하기 시작합니다. 그 후에 그들은 도움을 요청하기 시작합니다."

확장 및 성장에 대한 성숙도 모델은 리툴링과 함께 사용하거나 대체해서 사용할 수 있다. 따라서 콘텐츠 실무의 지속 및 확장 가능성을 평가하는 또 다른 방법을 제공하고, 실무가 힘을 가지고 유연하게 프로젝트를 수행할 수 있는 위치에 있는지를 확인한다.

성숙도 유지 관리 방법론

티핑 포인트에 대한 스풀의 강연이 끝날 때쯤, 그는 UX의 중요성을 이해하고 적용하는 높은 수준의 성숙도를 유지하기 위해 디자인 중심 조직에서 사용하는 가장 효과적인 방법을 나열했다.

앞서 언급한 성숙도의 단계에서 어디에 있는지를 정확히 파악하는 것과 동시에 콘텐츠 성숙도를 지속하고 향상하는 방법을 파악하는 것도 중요하다. 그럼으로써 확장 및 성장 경로가 중단되는 상황을 피할 수 있다. 다음은 스풀이 소개한 몇 가지 방법이다.

① 콘텐츠 전략 리터러시 구축하기

콘텐츠 전략가는 사용자의 피드백을 활용하여 디지털 환경에서 확인한 문제를 해결할 수 있다. 이를 위해 다음을 수행할 수 있다.

- 콘텐츠 전략이 사용자의 문제를 해결하는 방법을 보여주는 간단한 사례 연구를 공유하라.
- 조직 외부에서 콘텐츠 전략 관련 사례 연구를 작성, 선별, 공유하여 콘텐츠 전략이 가치를 더하는 방법을 보여 주어라.
- 다기능 팀원들과 워크숍을 실시하여 함께 여정 지도를 작성하고, UX 내에서 콘텐츠가 어떤 격차를 해소할 수 있는지를 파악하라.

② 공유된 경험과 비전을 통해 콘텐츠 전략에 능숙해지기

콘텐츠 전략가는 직접적인 참여를 통해 중요한 결정을 내릴 수 있는 지침을 제공할 수 있다. 다음과 같은 활동을 통해 이러한 성장을 촉진할 수 있다.

- 향후 콘텐츠 목표의 우선순위를 결정하기 위해 프로젝트 수준에서 브랜드 정체성과 기초 역할을 할 메시지 아키텍처 작업을 수행하라. 이 작업의 이점은 다음과 같다.
  - 콘텐츠 및 브랜드 커뮤니케이션의 전술적 구성 요소 추진
  - UX 전반에 적용되는 브랜드 및 메시지 가이드라인에 대한 정보 제공
- 프로젝트의 모든 단계에 콘텐츠 전략을 도입하여 조직 문화에 영향력을 행사하라.
- 내부 고객, 파트너, 이해관계자가 협업한 내용이 콘텐츠 결과에 반영되었는지 확인하라.

③지속적인 학습 문화 조성을 통해 공유된 콘텐츠 전략을 달성하기

콘텐츠 전략가는 비즈니스 목표와 사용자 니즈를 지속적으로 이해하고, 언제든 이를 지원하는 방법을 보여줄 수 있다. 접근 방식은 다음과 같다.

- 주요 프로덕트 출시 이후에 콘텐츠 전략 실무가 포함되어 긍정적으로 영향을 미친 부분에 통해 무엇을 배웠는지를 질문하라.
- 내부 고객, 부서별 파트너, 이해관계자를 대상으로 콘텐츠 전략에 대해 알고 있거나 알기를 원하는 내용을 지속적으로 확인하라.
- 콘텐츠 실무 관련 월별 업데이트, 런치앤런, 워크숍 등을 통해 지속적인 학습을 위한 채널을 개설하라. 필요한 경우 온라인으로 진행할 수도 있다.
- 다기능 팀원, 부서별 파트너와 함께 배운 내용을 나누고, 이 과정을 반복하라.

메시지 아키텍처

『일에서의 콘텐츠 전략Content Strategy at Work』의 저자 마고 블룸스테인Margot Bloomstein은 "메시지 아키텍처는 공통의 어휘를 반영하는 의사소통 목표의 체계다."라고 말했다.[36] 블룸스테인은 콘텐츠 목표를 달성하기 위한 작업으로 메시지 아키텍처를 도입한 것은 공유된 경험을 통해 성숙도를 높이는 과정에서 획기적인 일이었다. 이 프로세스에는 다양한 속성(블룸스테인은 형용사를 사용함)으로 표시된 일련의 카드 세트를 활용한다. 커뮤니케이션 목표를 설정하기 위해 구성원들이 협력하여 워크숍을 수행한다. 다음의 세 가지 카테고리로 정리할 수 있다.

- 우리가 누구인가?
- 우리가 아닌 사람은 누구인가?
- 우리는 어떤 사람이 되고 싶은가?

목표는 카드를 활용하여 카테고리를 좁혀서 궁극적으로 '우리가 되고 싶은 사람'에 초점을 맞추는 것이다. 메시지 아키텍처 작업을 카드를 정렬하는 일이라고 생각하라. 이는 웹사이트의 경로나 구조에 대한 정보 대신에 조직 내 구성원들 간의 합의를 이끌어내는 일이다. 블룸스테인은 "사용자가 브랜드를 신뢰하는 데 가장 중요한 점은 무엇인가?"라고 물으며 조직 내 구성원들 사이에 공감대를 형성하고자 한다.

블룸스테인의 책은 메시지 아키텍처 작업을 수행하는 세부 사항을 훌륭하게 설명한다. 또한 브랜드정렬BrandSort 카드[37] 덱을 만들었는데, 이를 워크숍에 활용할 수도 있다. 그리고 워크숍에 참가하지 못했다면 블룸스테인의 책 3장을 참조하여 인덱스 카드와 마커를 들고 그녀가 사용하는 형용사 목록을 찾을 수도 있고 본인의 목록을 작성할 수도 있다. 블룸스테인은 만약 비즈니스나 브랜드에 대해 무엇을 말해야 할지 모른다면 예상되는 목표를 달성하기 위해 콘텐츠를 어느 방향으로 만들어 가야 할지를 알 수 없을 것이라고 말한다.

---

36 Margot Bloomstein, Content Strategy at Work: Real-World Stories to Strengthen Every Interactive Project (Waltham, MA: Morgan Kaufman, an imprint of Elsevier, 2012), 27.

37 "BrandSort Cards", Appropriate, Inc.

SWOT

프리랜서로서 기사와 블로그 게시물을 작성하기 시작한 지 얼마 되지 않았을 때, 깜짝 놀랄만한 제안을 받았다. ClearVoice는 프리랜서와 콘텐츠가 필요한 브랜드를 연결해 주는 웹 사이트이며 연결을 돕기 위해 콘텐츠 제작자에게 풍부한 기사 라이브러리를 제공한다. ClearVoice의 콘텐츠 책임자로부터 비즈니스용 SWOT 분석 및 라이브러리에 추가할 콘텐츠 마케팅에 대한 글을 작성해 달라는 요청을 받았다.

처음에는 깜짝 놀랐지만 마음을 진정시키고 주제를 이해하기 위해 조사를 시작했다. 조사를 진행하면서 내가 SWOT에 익숙하지 않다는 사실을 깨달았다. 사실 이 개념은 이전 에 이전시에서 접한 적이 있었다. 기억을 더듬어 이전에 리브랜딩 프레젠테이션에서 잠재 고객에 대한 SWOT 분석을 수행했던 것을 떠올렸다. 그러자 SWOT에 대한 호기심이 생기기 시작했고 ClearVoice의 제안을 바로 수락했다.

비즈니스 성장, 특히 콘텐츠의 맥락에서 SWOT 작업을 수행하면서 구직 인터뷰에서 자신의 장단점에 대한 질문을 받는 경우가 많다는 사실을 떠올렸다. 그리고 그 질문의 대답을 준비하는 것이 얼마나 중요한지 생각했다. 그런 다음 이러한 자기 성찰을 적용하는 것이 조직의 성패를 어떻게 좌우할 수 있는지를 상상해 보았다.

결과적으로 그 주제에 대해 거의 2만 5천여 개의 단어를 만들어 냈다. 글을 쓰면서 당시 진행 중이던 UX 중심 콘텐츠 전략 작업으로 변환할 수 있는 정보들을 다수 발견했다. 특히 SWOT 프레임워크를 활용하는 것이 콘텐츠 전략 실무의 관련성을 확립하고 지속 가능한 성장에 집중하는 데 도움이 된다고 생각했다. 그때 남긴 수많은 메모가 이 책에 포함되었다.

전략적 성장: SWOT

모든 종류의 비즈니스가 높은 수익성과 긴 수명을 유지하기 위해서는 성장해야 한다. 그러나 성장만을 위한 성장은 장기적인 게임에서 승리하는 데 도움이 되지 않는다. 성장은 관리되어야 한다. 전략적으로 이루어져야 하고 지속 가능해야 한다.

콘텐츠 전략 실무도 마찬가지다. 이 책의 전제는 단순히 실무를 수립하는 것만이 아닌 콘텐츠 전략 실무의 확장과 지속 가능성에 관한 것이다. 콘텐츠가 비즈니스 운영의 필수적인 부분이 되고 비즈니스 자산으로 인정되면서 성장할 수 있는 방법을 꾸준히 보여 주어야 한다. 이를 위해서 비즈니스 목표와 경쟁사의 변화에 발맞춰 성장하는 방법을 알기 위해 활용되는 모델과 프레임워크가 있다. 그중 많은 조직이 활용하는 방법이 바로 SWOT 분석 프레임워크다.

SWOT 분석 프레임워크

강점	약점
• 잘하는 것 • 특별한 능력 • 타인(고객 혹은 경쟁자)이 보는 강점	• 개선할 수 있는 것 • 부족한 리소스 • 타인(고객 혹은 경쟁자)이 보는 약점
기회	위협
• 열려 있는 기회 • 강점으로부터 파생되는 기회 • 현재 또는 새로운 트렌드로 생기는 기회	• 해가 될 수 있는 위협 • 경쟁에서 오는 위협 • 약점이 노출되는 위협

그림 8.1 일반적인 SWOT 분석 프레임워크

SWOT의 기원

앨버트 험프리Albert Humphrey는 1960년대에 SRIStanford Research Institute(미국 스탠퍼드대학교에 있는 비영리 연구기관)에 재직하는 동안 SWOT 분석 프레임워크를 만든 창시자로 알려져 있다. 강점, 약점, 기회, 위협을 나타내는 SWOT은 조직이 시장에서 경쟁력 있는 위치를 확보하고 유지할 수 있도록 지원하는 평가 도구다.[38]

전략적 계획을 위한 도구로써 SWOT 분석 프레임워크는 조직의 강점, 약점, 기회, 위협에 대한 정확하고 심층적인 검토 결과다. 그리고 일반적으로 그림 8.1과 같이 프레임워크 예시의 각 사분면 안에 쓰인 내용과 유사한 정보를 포함한다.

콘텐츠 전략가로서 콘텐츠 실무의 향후 목표를 파악하고, 장애물을 극복하고 목표를 달성하기 위해 SWOT 분석 프레임워크를 사용하여 콘텐츠를 포지셔닝할 수 있다. 즉 SWOT 분석을 통해 비즈니스 또는 조직이 시장에서 어떤 위치에 있는지 확인한다면, 안전하고 지속 가능한 성장을 위한 전략을 세우는 데 적용 가능한 인사이트를 얻을 수 있다. 콘텐츠를 자산으로 보는 관점에서 같은 SWOT 분석을 진행하여 경영진이 이해할 수 있는 언어를 통해 콘텐츠 전략을 지원할 수 있는 방식으로 콘텐츠 전략 실무를 조정할 수도 있다.

여기서 주의해야 할 사항이 있다. 콘텐츠 전략가가 이끄는 SWOT 분석 작업은 수행하는 방식과 유사하다. SWOT 분석 프레임워크는 구체적인 프로젝트를 위해 설계된 것이 아니라는 것을 명심해야 한다. 물론 그 목적으로도 사용할 수도 있다. 여기서 배울 것은 조직 차원에서 안전하고 지속 가능한 성장을 지원하기 위한 콘텐츠 실무를 배치하는 방식으로 SWOT 분석 프레임워크를 사용하는 것이다.

그림 8.2는 콘텐츠 전략의 관점에서 SWOT 분석 프레임워크를 만드는 접근 방식

---

38 Richard Puyt et al., "Origins of SWOT Analysis", Academy of Management, 2020.7.

이다. 그림 8.1의 일반적인 SWOT 분석 프레임워크에 표시된 것과 같은 목록 대신, 여기서는 프레임워크의 각 사분면에 적용할 수 있는 콘텐츠 전략의 구성 요소가 있는지 확인한다. 이 과정은 콘텐츠 실무가 어떤 전략을 세우는지 보여주는 방식으로 고객 또는 조직의 이해관계자에게 던질 수 있는 질문들의 목록이다.

콘텐츠 전략 SWOT 분석 프레임워크

강점
- 콘텐츠는 강점을 명확하게 보여주는가?
- 콘텐츠는 독특하게 만드는 요소를 불러오고 있는가?
- 콘텐츠에는 강점을 보여주는 추천 요소가 포함되어 있는가?

약점
- 개선해야 할 콘텐츠가 무엇인지, 어디에서 얼마나 개선해야 하는지 알고 있는가?
- 기존 콘텐츠를 유지하고, 성장 및 확장으로 발생하는 새로운 콘텐츠를 처리할 수 있는 충분한 리소스를 보유하고 있는가?
- 타인의 부정적인 피드백 등으로 콘텐츠의 약점이 드러나면 어떻게 해결할 것인가?

기회
- 새로운 콘텐츠를 추가하거나 기존 콘텐츠를 수정하여 지원하거나 탐색할 수 있는 기회가 있는가?
- 콘텐츠를 통해 강점을 기회로 포지셔닝할 수 있는가?
- 분야에서 탐구해야 할 새로운 콘텐츠 트렌드가 있는가?

위협
- 조직에 위협이 될 수 있는 것을 해결하기 위한 콘텐츠 제작 계획이 있는가?
- 경쟁사의 위협에 대처하기 위한 콘텐츠 전략은 무엇인가?
- 콘텐츠가 약점이 노출되어 위협이 될 수 있는 것을 사전에 해결할 수 있는가?

그림 8.2 확장된 SWOT 분석 프레임워크

다음의 목록은 내가 ClearVoice에 기재한 〈비즈니스 및 콘텐츠 마케팅을 위한 SWOT 분석〉이라는 글을 기반으로 한다.[39] UX 중심 콘텐츠 전략가로서 이 프레임워크를 적용하는 방법을 반영하기 위해 일부 수정했다.

- **성공 유지:** 콘텐츠 생성을 성공적으로 유지하기 위해 필요한 리소스를 확보할 수 있는지 확인한다.
- **추가 지원 인력 투입:** 필요에 따라 프리랜서 또는 계약직 실무자를 영입하여 새로운 콘텐츠에 대한 수요 증가에 따른 일시적인 실무 확장 계획을 수립한다.
- **예측할 수 없는 것에 대한 계획:** 새로운 기회를 발견함과 동시에 콘텐츠를 전략적으로 만들기 위해 인력 및 기술력에 영구적인 리소스가 필요한지 파악한다.
- **도달 범위의 확장:** 고객 또는 조직이 콘텐츠의 도달 범위를 넓히고 잠재적인 사용자를 확보할 수 있는 추가 콘텐츠 채널을 활용하는 것이 적절한지를 검토한다. 일부 조직에서는 추가 채널에서 사용되는 콘텐츠 전략을 수립하는 일은 마케팅 파트너들이 담당하기도 한다. 하지만 콘텐츠 전략가는 콘텐츠 전략 관점의 SWOT 평가에 이러한 전략을 포함한다.
- **콘텐츠 갭 파악:** 경쟁사가 진출한 곳을 찾아 그 갭을 메우는 것이 비즈니스에 적합한지, 그렇게 하면 경쟁 우위를 확보할 수 있는지 고려한다.
- **에디토리얼 캘린더 공동 작성:** 에디토리얼 캘린더Editorial Calendar는 콘텐츠를 언제 발행할 것인지 미리 계획한 일정이다. 이는 조직의 성공을 위해 필요한 콘텐츠 게시 주기를 설정하는 데 도움이 된다. 또한 약점을 보완하고 기회를 포착하는 데 필요한 콘텐츠를 계획한다. 계획을 세우지 않아서 막을 수 있었던 내부적인 위협을 놓치지 않도록 주의해야 한다.

---

39 Natalie Dunbar, "SWOT Analysis for Your Business and Content Marketing", ClearVoice (blog), 2020.3.23.

- **교육 부문 투자:** 비즈니스에 영향을 미칠 수 있는 시장 변화를 예측할 때, 예측에 필요한 지식과 기술을 교육할 수 있는 부분을 파악하고 문서화한다.
- **기술의 노후화 평가:** 콘텐츠 관리 시스템이나 기술 관리를 담당하는 경우, 효율적이고 편리한 방식으로 계속 운영될 수 있도록 필요한 도구를 보유하고 있는지, 노후화되지 않았는지를 평가한다.

SWOT의 기본 전제를 이해하고 그림 8.2와 같은 프레임워크를 준비하여 콘텐츠 전략 실무 및 조직의 확장과 성장을 지원하는 방법을 이해한다면 실무를 능동적으로 운영할 수 있는 추가적인 기회가 생길 것이다. 아직 SWOT 분석을 수행하지 않았다면 이해관계자나 공동 작업자와 함께 콘텐츠 워크숍 또는 이와 유사한 모임을 통해 이 프레임워크를 소개할 수 있다. 모든 사람이 이러한 유형의 평가에 참여하도록 하면 예상되는 목표를 공유할 수 있고 목표를 달성하는 데 필요한 전략을 수립할 수 있을 것이다.

파트너 관리: RACI와 RAPID

SWOT 분석 프레임워크는 조직 및 실무 수준에서 전략을 정의하는 데 유용한 도구다. 이 분석을 완료하고 나면 다른 부서와 협력해야 할 수도 있다. 그리고 마케팅뿐만 아니라 실무에 필요한 법률이나 규제를 검토할 파트너가 포함될 가능성도 높다.

적절한 SWOT 분석을 통해 조직의 지속적인 성장을 위해 어떤 전략을 사용해야 하는지 알 수 있다. 그러나 누가 전략을 실행할지, 전략을 어떻게 구현할지에 대한 결정이 누구 책임인지는 아직 알 수 없다. 이를 위해 RACI와 RAPID라는 두 개의 추가적인 프레임워크 모델을 활용할 수 있다. 이 프레임워크를 활용하여 실무가 진행되면서 마케팅 파트너, 프로덕트 팀, 법률 또는 규제 검토자 등과 관계없이 직면하게 될 불가피한 갈등을 관리할 수 있다.

주의해야 할 사항이 또 있다. RACI와 RAPID는 프로젝트 차원에서 의사 결정을 위한 프레임워크로 사용되는 경우도 있다. 그래서 여기에 포함된 목표는 두 가지 요소로 구성되어 있다.

- 첫째, 일반적으로는 프로젝트 중심이지만, 이러한 프레임워크를 조정하여 콘텐츠 전략 실무가 바로 다기능 팀원 및 부서별 파트너와 어떻게 상호 작용할 것인지 정의한다.
- 둘째, 이 장에서 설명한 모든 스캐폴딩처럼 이러한 프레임워크를 검토하여 콘텐츠 전략가가 다기능 팀원 및 부서별 파트너와 의사소통하고 협력할 수 있는 방법을 제공한다.

SWOT와 마찬가지로, 누가 무엇을 언제 하는지에 대해 실무와 파트너 간의 접점에 쉽게 접근하고 참조할 수 있는 RACI 및 RAPID를 시각적으로 만들 수 있다. 부서별 파트너가 콘텐츠 전략가로부터 지시를 받는다고 느낀다면 상황이 복잡해질 수 있다. 또한 다른 부서 내부에는 수립한 전략이나 콘텐츠가 제때 실행되지 않고 지연되는 상황이 발생할 수도 있다. 하지만 이들과 함께 콘텐츠 전략 실무와 상호 작용을 지원하는 프로세스에 관해 의사소통하고 문서화한다면, 피할 수 없는 문제를 예측할 수 있고 파트너의 적극적인 참여를 관리하는 데 큰 도움이 될 것이다.

RACI

콘텐츠 전략가라면 프로젝트 중단에 대해 이런 질문들을 들어봤을 것이다. UX를 위해 제작된 콘텐츠의 승인은 누구의 책임인가? 카피를 쓰는 사람들인가? 콘텐츠를 큐레이션하는 사람들인가? 아니면 애초에 콘텐츠를 만들고 큐레이팅하는 전략가인가? 아니면 둘 다인가? 복잡한 상황을 피하고 싶다면 아래의 질문을 고려해 보라.

- 오래된 콘텐츠를 파악할 책임이 있는 사람은 누구인가?
- 오래된 콘텐츠를 제거하는 책임은 누구에게 있는가?
- 콘텐츠 제거에 대한 결정은 누구와 상의해야 하는가?
- 콘텐츠가 제거되면 누구에게 알려야 하는가?

RACI를 풀어서 설명하면, Responsible(실행 책임자), Accountable(설명 책임자), Consulted(협업선), Informed(보고선)이다. RACI는 콘텐츠 전략 실무의 관점에서 누가 무엇을 하는지 정의하는 것이다. 콘텐츠 전략 실무를 수립하면서 RACI 차트를 작성하면 팀원 및 부서별 파트너와 협업을 통해 내린 결정을 시각화할 수 있으며 실무 운영을 조정할 수도 있다. RACI는 실무를 완료하는 데 필요한 기본적이면서도 중요한 다음의 4가지 질문을 던지고 답한다.

- 누구의 책임인가?
- 누구의 결정인가?
- 누구와 상의해야 하는가?
- 누구에게 보고해야 하는가?

UX와 마케팅 팀 간의 상호 작용 및 책임은 표 8.3의 RACI 차트 예시에 명확히 설명되어 있다. 이는 두 팀이 프로덕트의 전체적인 경험을 만들고 지원하는 데 유용하다.

프로젝트/과제	부서/팀	
	UX	마케팅
프로덕트 또는 기능 소유권	의사 결정권, 실무 담당	실무 관련 조언
시각 디자인 결과물	의사 결정권, 실무 담당	실무 관련 조언
콘텐츠 전략 결과물	의사 결정권, 실무 담당	실무 관련 조언
콘텐츠 생성 및 제공 (업무적)	실무 관련 조언	의사 결정권, 실무 담당
콘텐츠 생성 및 제공 (마케팅)	의사 결정권, 실무 담당	실무 관련 조언
콘텐츠 및 시각 디자인의 통합	의사 결정권, 실무 담당	실무 관련 조언
브랜드 메시징	실무 관련 조언	의사 결정권, 실무 담당

표 8.3 UX와 마케팅 팀의 RACI 차트

콘텐츠 전략 실무를 구축하고 강화하기 위한 도구로써 RACI는 부서별 파트너와 협력하여 콘텐츠 실무를 수행하는 방법을 정의한다.

핵심 개념 RACI의 기원

일부 자료에 따르면 RACI 모델은 1950년대부터 사용되었으며, 처음에는 의사 결정 도구였다. 다른 자료에 따르면 이 도구는 1970년대 초에 만들어진 GDPMGoal Directed Project Management(목표 지향 프로젝트 관리)에서 비롯된 것으로 알려졌다. 얼링 S. 안데르센Erling S. Andersen과 크리스토퍼 V. 그루드Kristoffer V. Grude, 토르 하우크Tor Haug가 저술한 동명의 책이 1987년 출간되었다. 이 책은 4판까지 출간되었으며 가장 최신판은 2009년 출간되었다.[40][41]

---

40 "What Is RACI? An Introduction", RACI Solutions (blog).

41 Erling S. Andersen et al., Goal Directed Project Management, 4th ed. (London, UK: Kogan Page, 2009).

RAPID

RAPID를 풀어서 설명하면, Recommend(권고), Agree(동의), Perform(실행), Input(의견 제시), Decide(의사 결정)이다. RAPID는 베인앤드컴퍼니Bain & Company가 개발한 의사 결정 도구이다.[42] RAPID의 질문은 다음과 같다.

- 취해야 할 조치를 권고하는 사람은 누구인가?
- 권고에 대해 동의하는 사람은 누구인가?
- 권고에 대해 의견을 제시하는 사람은 누구인가?
- 어떤 권고를 취할 것인지에 대한 최종 의사 결정을 내리는 사람은 누구인가?
- 의사 결정을 뒷받침하는 실제 권고를 실행하는 사람은 누구인가?

간단한 인터넷 검색을 통해 RAPID를 시각적으로 표현하는 방법을 알 수 있다. 그러나 베인앤드컴퍼니가 만든 다이어그램은 가장 단순하고 이해하기 쉽다. 그림 8.3은 해당 다이어그램을 기반으로 하여 RAPID의 다섯 가지 요소를 보여준다.

그림 8.3 의사 결정 책임을 정의할 수 있는 RAPID의 기본 요소

---

42 "RAPID: Bain's tool to clarify decision accountability", Bain & Co., 2011.8.11.

RAPID의 모든 요소가 중요하지만 주변부의 요소는 의사 결정을 내리는 데 최종적인 책임이 있는 사람을 지원한다. 또한 의사 결정이 내려진 후 실행해야 하는 권고에 대한 세부 정보를 제공한다.

RACI와 마찬가지로, RAPID에서 UX와 마케팅 팀 간의 상호 작용을 표 8.2와 같이 정리하였다. 이번에는 어떤 콘텐츠 실무가 어떻게 수행되는지에 대한 결정을 누가 담당하는지 정하는 것을 목표로 한다. 또한 다기능 팀의 분야를 포함하는 RAPID 차트를 만들 수도 있다. RAPID는 콘텐츠 전략과 관련된 의사 결정 방법, 정책, 인력뿐만 아니라 콘텐츠가 수정되고 전달되는 방법도 포함될 수 있다.

프로젝트/과제	부서/팀	
	UX	마케팅
프로덕트 또는 기능 소유권	권고	동의
시각 디자인 결과물	권고	의견 제시
콘텐츠 전략 결과물	권고	의견 제시
콘텐츠 생성 및 제공 (업무적)	권고, 실행	의견 제시
콘텐츠 생성 및 제공 (마케팅)	권고, 실행	의견 제시
콘텐츠 및 시각 디자인의 통합	권고, 실행	의견 제시
브랜드 메시징	의견 제시	권고

표 8.4 UX와 마케팅 팀의 RAPID 차트

콘텐츠 전략가의 조언

의사 결정권자 파악하기

이 장에서 다룬 의사 결정 프레임워크는 역할과 책임에 대한 것이지만, 업무가 모호해서 명확한 소유자나 승인자가 없는 경우도 있다. 또는 의사 결정권자를 파악하는 것이 프레임워크 내에서 쉽게 해결되지 않는 경우도 있다. 어떤 경우에는 마케팅 파트너와 단독으로 의사소통 하기 위해 프레임워크를 사용하지 않는 경우도 있다. 하지만 나의 경험에 비추어 볼 때 프레임워크는 의사 결정권자를 파악하는 데 확실히 도움이 되었다.

콘텐츠 전략을 위한 경쟁

콘텐츠 전략이 무엇인지, 실무가 조직 내 어디에 속하는지, 그리고 실무의 책임을 누가 지고 있는지를 정의할 때 협업이 없다면 불명확할 것이다. 사용자들에게 최고의 경험을 제공하기 위해서는 이를 지원하는 콘텐츠를 만드는 프로세스가 원활해야 한다. 팀 간의 갈등은 결국 UX 안에서 마찰을 유발한다. 그런 상황이 발생할 경우, 프로덕트 및 서비스의 사용자는 최고의 사용자 경험을 누릴 수 없다. 현명한 사용자들은 사용자 경험 안에서의 미세한 단절도 충분히 감지할 수 있다. 콘텐츠 전략이라는 욕심나는 타이틀을 누가 쟁취하는지에 대한 논쟁보다 더 중요한 것은 먼저 수행할 작업을 확인하고 공유되는 목표에 집중하는 것이다. 그렇지 않으면 갈등이 멈추고도 여전히 해결되지 않아 결국 문제는 사용자 경험 안에서 드러날 것이기 때문이다.

핵심 개념 RAPID의 기원

RAPID는 글로벌 컨설팅 기업인 베인앤드컴퍼니에서 개발한 것으로, '의사 결정의 책임을 명확히 하기 위한 도구'이다. RAPID는 모든 의사 결정에서 권고, 동의, 실행, 의견 제시, 의사 결정이라는 다섯 가지 요소에 각각 소유자를 할당한다.[43]

---

43 "RAPID: Bain's tool to clarify decision accountability", Bain & Company, 2011.8.

체크 리스트

이 장은 스캐폴딩으로 시작해서 스캐폴딩으로 끝난다. 스캐폴딩은 콘텐츠 전략 성숙도를 측정하고 역할과 책임을 명확히 파악하여 정보에 입각한 의사 결정을 내리는 다양한 접근 방식을 포함한다. 이 방법들은 확장 및 성장의 기회를 계속해서 파악하면서 궁극적으로 자연스러운 과정으로 이어질 수 있도록 돕는다.

- ☑ 장애물을 극복하고 목표를 달성하는 데 도움이 되는 실행 가능한 인사이트와 조직 또는 콘텐츠 전략에 대해 정확한 평가를 할 수 있는 SWOT
- ☑ 역할과 책임을 명확하게 파악하여 콘텐츠 전략 실무 수행 방식을 설명하며, 협업 파트너들 간에 활용할 수 있는 RACI
- ☑ 예상되는 목표를 달성하기 위해 취해야 할 중요한 조치에 대해 정보에 따른 결정을 내릴 의사 결정권자들을 파악하고 지원하는 도구인 RAPID

사용자의 니즈와 비즈니스의 목표를 충족시키기 위해 콘텐츠 전략 실무를 확장하고 유지하는 과정에서 이러한 방법들을 활용할 수 있다.

CHAPTER 9

점검 준비: 리더십

2장 '조직적 협력 관계 구축'에서는 협업의 중요성과 다기능 팀원, 부서별 파트너, 에이전시 또는 조직 내에서 성공적인 실무 수행에 주도권을 가진 모든 사람과의 긍정적인 관계를 수립하는 것에 대해 배웠다. 또한 콘텐츠 전략 실무의 지속 가능성과 수명을 위해 이러한 파트너십을 유지하는 것이 얼마나 중요한지 알아보았다.

이제 이러한 협력 관계를 기반으로 하여, 이해관계자 및 조직의 경영진들에게 가치를 입증하고 사례와 측정 가능한 결과를 공유함으로써 콘텐츠 전략 실무에 대해 더 확실히 보여줄 수 있다. 예를 들어, 콘텐츠를 제시간에 업로드할 준비가 되었는지 확인하기 위해 애자일 환경에서 작동하는 프로세스를 생성했을 수도 있다. 이는 일정이 지연되어 잠재적으로 추가 비용이 발생하는 것을 방지한다. 또는 중요한 지표에 긍정적인 영향을 미치는 콘텐츠를 생성하거나 큐레이션할 수도 있다. 어떤 방법이든 곧 조직 전반에 걸쳐 견고한 콘텐츠 전략이 가지는 가치를 입증할 것이다. 그리고 그것이 왜 중요한지에 대해 이해하게 될 것이다.

점검 단계

건축 과정에서는 중요한 구조적 요소에 대한 점검이 필요한 단계들이 있다. 예를 들면 배관 및 전기와 같은 필수적인 시스템이 설치됐을 때, 벽과 지붕과 같은 외부 구조물이 지어졌을 때, 그리고 최종 점검을 앞두고 있을 때이다. 준공 검사관, 개발자, 투자자가 건축물 구조의 완전성을 승인하면 비로소 구조물을 점유할 수 있게 된다. 이와 마찬가지로 콘텐츠 전략 실무에 경영진을 참여시키기 위해서는 분기별 보고 회의 또는 성과를 발표하는 전체 미팅이 적절한 시기가 될 수 있다.

경영진의 참여 시점을 확인하는 또 다른 방법은 중요한 콘텐츠 전략 실무를 공유하기 위해 진행 상황을 확인하는 일정을 잡는 것이다. 좀 더 구체적으로 말하면, 사용자의 문제 및 사례를 정기적으로 해결하는 방법을 통해 콘텐츠를 주도하는 솔루션을 구축할 수도 있다. 또는 이전에 충족되지 않은 사용자의 니즈를 충족하기 위해 콘텐츠를 재배치하는 방법이 될 수도 있다.

스스로 성장하는 역량을 가진 콘텐츠 전략가는 진행 상황을 강조하거나, 협력 관계를 구축하거나, 자금 지원을 요청하기 위해 최고 경영진을 참여시키는 것이 필요하다고 생각할 것이다. 이런 경우라면 경영진 참여에 능동적으로 대처하는 방법을 알고 싶을 것이다. 그렇다면 이전 장에서 언급한 메시지 아키텍처 작업을 진행하거나, 여기서 다룰 콘텐츠 주도형 디자인 스프린트에 경영진을 참여시켜 실무를 입증하는 방법을 고려해 보자.

왜 리더십인가? 왜 지금인가?

리더십에 대한 사례를 제시하는 맥락에서 관계 수립 기술을 사용하자는 논리에 대해 의구심이 들 수 있다. 또한 리더십에 대한 주제가 블루프린트 구성 요소, 리툴링, 스캐폴딩, 실무를 성장 및 확장시키는 방법에 대해 배운 이후 이 책의 마지막 부분에 등장하는지 궁금해할 수 있다.

왜 리더십이 중요할까? 그리고 왜 이전 시점이 아니라 지금 이 시점에서 강조하는 것일까? 우선 콘텐츠 전략 실무에서 경영진을 참여시키는 가장 좋을 시점을 결정할 때 고려해야 할 변수는 무수히 많다. 중요한 것은 조직 내에서 실행 중인 구조와 프로세스이다. 다음은 에이전시나 조직에서 구조와 프로세스가 작동하는 데 영향을 주는 몇 가지 변수를 살펴보자.

- **상의하달식 조직**: 상의하달식 조직 구조에 따라 프로세스의 권장 사항을 실행해야만 한다면, 콘텐츠 전략 수립을 비즈니스 목표의 가장 중요한 부분으로 포지셔닝하는 것을 우선적으로 고려해야 한다. 또한 블루프린트 구성 요소를 경영진과

공유하여 접근 방식을 일치시킬 수 있다.

- **자율적인 조직:** UX 팀의 리더와 같은 운영 수준의 리더가 의사 결정권을 가진 조직의 경우, 처음부터 블루프린트를 검토해야 한다. 프로세스에서 리더십을 발휘하여 업데이트를 제공하고, 그 결과를 정기적인 절차를 통해 보고하여 실무 확장에 적용할 수 있다.

- **자체적으로 조직화된 콘텐츠 또는 UX 팀:** 작은 규모의 콘텐츠 전략 실무 블루프린트를 수립하는 것부터 시작한다. 경영진의 동의를 얻고 참여를 유도할 수 있는 사례를 공유해 리더십을 발휘할 수도 있다. 자금이 필요한 경우나 확장을 위해 새로운 인력과 도구를 확보해야 하는 경우에 그렇다.

능동적으로 경청하기

베르니 슝Berni Xiong | 교육 디자이너, 코치, 콘텐츠 전략가

여러 부서의 팀원들의 이야기를 능동적으로 경청하면 이해관계자와 경영진에게 콘텐츠 전략 실무의 가치를 제시하는 등 중요한 대화를 쉽게 이끌어갈 수 있다. 능동적인 경청은 칼 로저스Carl R. Rogers와 리처드 파슨Richard E. Farson에 의해 커뮤니케이션 기술로 처음 정의되었다. "듣는 기술에 많은 종류가 있지만, 여기서 말하는 듣기의 종류는 '능동적 경청 Active Listening'이라고 부릅니다. 듣는 사람에게 매우 확실한 책임이 있기 때문에 '능동적' 이라고 부르는 것입니다. 그들은 누군가 자신에게 하는 말을 수동적으로 흡수하지 않습니다. 그들은 듣는 것을 통해 사실과 감정을 파악하려고 적극적으로 노력합니다. 또한 말하는 사 람이 스스로 문제를 해결할 수 있도록 돕습니다."[44]

베르니 슝은 이러한 개념을 한 단계 더 발전시켜 능동적인 경청Active Listening과 호기 심Curiosity, 그리고 공감Empathy 세 가지 요소를 결합하여 'ACE'라고 표현했다. 그리고 마케팅 코치인 조지 카오George Kao의 기술을 바탕으로 피드백을 수집했다. 그림 9.1은 피드백을 수집할 때 이러한 구성 요소가 함께 작동하는 방식을 보여준다. 슝은 다음과 같이 덧붙였다. "사용자로부터 피드백을 얻고자 할 때는 말 그대로 그들에게 그들이 하는 말, 키워드와 관 련된 용어에 대해서 묻습니다. 사용자의 생각과 마 음을 정확히 이해하는 것은 결국 사용자 경험을 향 상하는 데 큰 도움이 됩니다."

ACE

그림 9.1 능동적 경청, 호기심, 공감을 결합한 ACE

---

44   Richard E. Farson and Carl R. Rogers, Active Listening (Connecticut: Martino Publishing, 2015).

결승점까지의 디자인 스프린트

애자일 환경에서 스프린트Sprint란 팀이 새로운 프로덕트나 기능을 생성하거나 반복하기 위해 예정된 분량의 작업을 완료하는 데 필요한 일정 기간을 의미한다. 일반적으로 2주의 기간을 설정하지만, 열흘에서 최대 한 달까지의 기간을 설정할 수도 있다. 스프린트의 장점은 일정한 양의 작업을 수행하고, 검토 및 점검을 위해 다기능 팀에 결과물을 공유하여 최종 설루션을 위한 최선의 작업을 반복하는 것이다. 그래야만 다음에 완료할 작업에 대한 정보 수집도 가능하다. 제이크 냅Jake Knapp이 구글에서 처음 소개한 5일 디자인 스프린트도 마찬가지다.[45] 디자인 스프린트의 목표는 방해 요소 없이 해결하려는 문제에만 집중한다. 다음은 5일 동안 체계적으로 진행될 5단계 디자인 스프린트이다.

- 문제 공간을 이해하기
- 잠재적 설루션에 대한 스케치 및 아이디어 제시하기
- 어떤 설루션이 진행하기에 적합한지 결정하기
- 성공적인 설루션 프로토타입 제작하기
- 실제 잠재력에 대한 설루션 검증하기

이 모든 것이 콘텐츠 전략 실무와 어떤 관련이 있을까? 그리고 디자인 스프린트는 어떻게 경영진과의 소통을 위한 다리 역할을 할 수 있을까? 첫째, 디자인 스프린트는 협업 및 교차적인 기능을 한다. 둘째, 콘텐츠 전략은 이렇게 시간 제한이 있어 전략적으로 진행되는 경우 더욱 빛을 발한다. 셋째, 프로덕트 개발을 진행하며 자주 발생하는 문제도 피할 수 있다. 너무 늦게 콘텐츠를 생성하거나, 문제에 대한 전후 관계 맥락이 없는 상태로 콘텐츠를 생성하거나, 또는 사용자가 처한 문제점을 완전히 파악하지 못한 채 해결하기만을 원하는 상황들을 피할 수 있다.

나는 2010년 디자인 스프린트가 도입되기 전에 비슷한 과정에 참여하는 행운을 누리기

---

45 "The Design Sprint", Google Ventures, www.gv.com/sprint/

도 했다. 이러한 경우, 보통 리더는 엔지니어가 맡았는데 프로세스를 진행하는 도중에 콘텐츠 전략가와 시각 디자이너가 필요할 것이라는 결정을 내렸다. 때로는 콘텐츠 전략가가 그 과제를 수행하기도 했다. 내가 대형 온라인 디렉터리 웹 사이트에 프로모션 콘텐츠를 배치하기 위한 업무를 담당했을 때였다. 그때 나는 콘텐츠 전략가로서 마케팅, 시각 디자인, 엔지니어링을 포함한 다기능 팀을 구성했다. 회의실 벽에 수많은 아이디어 스케치를 진행했고, 기존의 경험을 뛰어넘는 가능성을 상상했다. 결국 실현 가능성을 구체적으로 파악한 후에야 해당 아이디어를 경영진에 보여줄 수 있었다.

또 다른 회사에서는 6일 정도에 걸친 원격 디자인 스프린트에 다기능 팀의 일원으로 근무하기도 했다. 마감일을 맞추기 위해 특정 담당 분야를 벗어나서 작업하는 경우도 빈번했다. 이러한 다기능 팀의 노력은 큰 성과를 거두었다. 디자인 스프린트에 참여하든 실제 프로덕트 개발을 진행하든 관계없이 콘텐츠 전략은 우선순위로 다루어져야 할 만큼 중요하다.

모든 조직의 특성이 다르므로 경영진을 참여시키기 위한 가장 적합한 방법을 찾기 위해 노력해야 한다. 이쯤에서 다시 2장 '조직적 협력 관계 구축'에서 설명한 협력 관계 구축 방법을 참고할 수 있다. 이러한 프로세스를 지원하기 위해서는 실무의 범위를 설정하고, 실무의 목적을 조정하며, 콘텐츠가 비즈니스 전반에 갖는 가치를 평가할 수 있는 자산으로서 인식하는 일도 포함된다.

경영진의 참여가 자유롭게 이루어지는 분위기의 에이전시나 조직에서 일하는 경우라면, 무엇보다 콘텐츠 전략가의 역할이 중요하다. 또한 실무의 건전성과 수명은 8장 '지속 가능한 성장을 위한 발판'에서 논의된 것처럼 콘텐츠 전략 역량을 지원할 의지를 가진 경영진에게 달려있다.

이는 단순히 더 큰 예산 지원을 위해 경영진과 접촉하거나 요청하는 것이 아니다. 물론 이러한 부분도 중요하다. 충분한 재정적 지원 없이는 콘텐츠 전략을 구축하는 것이 어렵기 때문이다. 그리고 콘텐츠의 질을 높이고 콘텐츠 전략가로서 지속적으로 성장할 수 있도록 조직 문화를 조성해야 하기 때문이다. 비즈니스 목표와 사용자 니즈가 변화하는 시장에 적응하면서 경영진은 실무가 가져오는 가치를 파악할 뿐만 아니라 실무가 제공하는 서비스가 목표를 위한 전략적인 계획에 필수라는 점을 알게 될 것이다. 자율적인 조직에서는 별도로 경영진의 허가가 필요하지 않다고 하더라도, 콘텐츠 전략이 조직 전체의 목표에 중요한 사항이라는 사실을 경영진이 이해해야 할 것이다. 그들을 이해시킬 수 있다면 콘텐츠를 필수적인 비즈니스 자산으로서 바라보는 방향으로 조직 문화를 바꿀 수 있다.

비즈니스 용어 이해하기

비즈니스 리더들을 언제, 어디서, 어떻게 참여시킬 것인지에 대한 아이디어를 얻었으니 다음 단계에서는 소통하고자 하는 비즈니스 리더의 언어를 익히는 방법을 배울 것이다. 리더의 관심을 끌기 위해서는 비즈니스 언어를 익혀야 한다. 즉 조직의 리더와 이해관계자가 자주 사용하는 용어를 이해할 수 있어야 한다. 이는 비즈니스 목표에 맞춰 콘텐츠 전략을 점검하고 확장하는 방법을 리더에게 설명하여 공감을 얻는 데 도움이 된다.

리더의 비즈니스 언어를 익히기 전에 모든 비즈니스는 성과 측정, 매트릭스 등의 개념을 전달하기 위해 자체적인 어휘를 사용한다는 것을 기억해야 한다. 시간을 들여 리더십 팀에 중요한 약어 및 관련 용어들을 확인하고, 해당 용어들이 설명하는 전후 관계 맥락을 이해하는 것이 매우 중요하다. 분기별 보고서를 읽고, 전사 회의에 참석하며, 이해관계자와 면담을 진행하는 것은 리더십의 언어를 이해하는 데 도움이 된다. 이를 통해 부서별 파트너와 함께 이전에 유사한 작업을 수행했는지 혹은 공유할 수 있는 유용한 정보가 있는지 확인할 수 있다.

매트릭스를 측정하는 방법에 대해서는 다른 수많은 설명서가 존재한다. 더 좋은 방법은 매트릭스를 측정할 때 가까운 사람들과 정보를 교환할 수 있는 기회를 찾는 것이다. 이러한 교류는 리더십의 언어에 익숙해지는 데 도움을 줄 뿐만 아니라 실무를 구축할 때 다른 분야와 추가적인 협력 관계를 맺을 때도 유용하다.

표 9.1에 나열된 용어의 목록은 변동될 수 있고, 어떤 용어가 가장 많이 사용되는지, 올바른 용어인지 정할 수 있는 절대적인 기준도 아니다. 하지만 리더들 사이에서 가장 중요한 용어가 무엇인지를 파악하는 것은 매우 중요하다.

한 가지 더 참고할 사항은 여기 포함된 용어 중 일부는 마케팅에서 비롯되었다는 것이다. 그리고 이 책에서 중점을 두는 것은 UX 중심의 콘텐츠 전략 실무를 구축하는 것이지만, 콘텐츠 실무는 조직의 마케팅 활동에 영향을 미치거나 중복될 가능성이 크며 마케팅 역시 중요한 파트너 부서 중 하나이다. 따라서 리더십 언어에 대해 이해하는 것 외에도 유사한 용어들에 대해서 이해하는 것은 마케팅 파트너와의 관계를 강화하는 데에도 도움이 될 것이다.

용어	의미	정의	콘텐츠 전략 맥락
AOV	Average Order Value 평균결제금액	AOV는 프로덕트 또는 서비스를 판매하는 사업을 전개하는 웹 사이트 및 애플리케이션에 적용된다. 기업의 총수익을 고객이 평균적으로 지출하는 금액으로 나눈 것이다.[46]	프로덕트별로 콘텐츠를 만드는 데 초점을 맞춘 콘텐츠 전략 실무는 AOV를 사용하여 사용자의 프로덕트 경험을 개선할 수 있으며, 이는 AOV를 높이는 데 영향을 미친다. 만약 AOV가 낮아지면, 콘텐츠 전략가는 프로덕트 콘텐츠가 최고의 경험을 제공하는지를 파악하기 위한 작업을 수행하여 사용자가 프로덕트와 상호 작용하도록 도와야 한다.
CSAT	Customer Satisfaction 고객 만족	CSAT는 고객 또는 사용자가 프로덕트와 UX에서 완전성 수준을 달성할 수 있는지를 살펴보는 것이다. 단순히 만족을 느꼈는지는 중요하지 않다. 고객과 사용자가 프로덕트를 구매하거나 필요한 정보를 찾는 데 필요한 기능에 대한 설명이다.[47]	콘텐츠 전략의 맥락에서 이상적인 예는 사용자가 적절한 시기에 적절한 형식과 채널로 적절한 콘텐츠를 얻게 하는 것이다. 콘텐츠 전략 실무는 메시지 아키텍처 작업 또는 유사한 방법을 통해 핵심 전략을 수립하는 것으로 시작하여 전사적으로 접근 방식을 체계적으로 구현하는 방법이 있다는 사실을 보장한다.
CX	Customer Experience 고객 경험	CX는 고객이 브랜드를 평가하거나 인식하는 방식을 전체적으로 고려하는 것이다. 팀은 브랜드와 고객이 관계를 맺을 때 그들의 접점 중 일부에는 영향을 미칠 수 있지만, 최종 결과인 브랜드 인지도는 결국 고객에게 달려있다.[48]	사람의 인식에 특정 점수를 부여하는 일은 어렵다. 브랜드를 인식한다는 것은 우리가 말하는 것이 아니라 고객이 말하는 것이다. 그러나 고객이 브랜드에 대해 어떻게 생각하는지에 영향을 미치기 위해 콘텐츠를 사용하는 방식과 위치는 실무의 영향력 범위 안에 속한다. 또한 디지털 상호 작용을 통해 사용자가 브랜드를 경험하는 방식을 지원하는 콘텐츠의 생성 및 큐레이션도 실무의 영향력 범위에 포함된다.
KPI	Key Performance Indicators 핵심성과 지표	KPI는 조직 목표를 향한 진행 상황을 측정하기 위한 도구이다. KPI는 수량화가 가능하다. 목표 또는 대상이 설정되면 KPI를 사용하여 진행 상황을 측정할 수 있다.[49]	콘텐츠 전략가가 측정하고자 하는 KPI는 콘텐츠를 사용하는 사람이 누구인지 사용자를 세분화하고, 이러한 사용자 중 반복 사용자는 누구인지, 사용자가 콘텐츠에 참여하는 방법은 무엇인지 등과 관련되어 있다. KPI는 실무가 직접적인 영향을 미치는 지점을 알려 줄 좋은 지표다.

표 9.1 콘텐츠 관련 비즈니스 용어

---

46 "Optimization Glossary", Optimizely.

47 "Your Ultimate Guide to Customer Satisfaction", Qualtrics.

48 "What Is CX? Your Ultimate Guide to Customer Experience", Qualtrics.

49 "What Is a Key Performance Indicator (KPI)?", KPI.org.

용어	의미	정의	콘텐츠 전략 맥락
NPS	Net Promoter Score 순고객 추천지수	NPS는 웹 사이트를 사용하거나 브랜드와 관계를 맺은 후 "우리 브랜드를 추천할 가능성은 얼마나 되는가?"에 대한 질문이다. 브랜드를 다른 사람에게 추천하거나 홍보할 가능성을 나타낸다. NPS를 처음 소개한 베인앤드컴퍼니는 "NPS는 전반적인 회사 성장과 고객 생애 가치를 파악하기 쉬운 단일 지표이다."라고 말했다.[50]	낮은 NPS 점수를 개선하거나 높은 NPS 점수를 유지하는 데 도움이 되는 콘텐츠 전략이 있는지 알아볼 수 있다. 대부분 "추천할 가능성이 얼마나 되는가?"라는 질문은 실제로 확장된 설문 조사의 여러 질문 항목 중 하나일 뿐이며, 참가자들은 자신이 제시한 점수를 설명해야 한다. 이러한 유형의 질적 정보는 콘텐츠 전략가들에게는 숨은 보석과 마찬가지다. UX에 영향을 미치고 궁극적으로는 그것을 향상시킬 수 있는 콘텐츠 전략을 알려주는 세부 사항을 포함하기 때문이다.
OKR	Objectives and Key Results 목표 및 핵심결과지표	OKR은 앤디 그로브Andy Grove가 인텔Intel에 재직할 당시에 만들었다. 목표는 비즈니스가 달성하고자 하는 것이다. 그리고 핵심 결과는 비즈니스가 목표를 달성하는 방법이다. 이는 구체적이고, 행동 중심적이고, 시간 제한이 있으며, 현실적이고, 동시에 검증 가능하다.[51]	실무는 조직의 OKR을 지원하거나 조직에 영향을 미치는 특정 OKR을 측정할 수 있다. 이는 조직의 KPI로서 정해진 날짜까지 프로토타입을 만드는 목표를 가지고 UX 팀원들을 지원할 수 있다. 반면에 실무 중심 KPI에는 시간이 지남에 따라 인식 및 방문율을 높이는 것을 목표로 스타일 가이드라인 작성 또는 업데이트, 디자인 시스템의 콘텐츠 가이드라인 및 자산 기여, 또는 실무 중심 런치앤런의 내부 참여 추적 등이 포함될 수 있다.
ROI	Return on Investment 투자자본 수익률	ROI는 성과를 측정하는 것으로 비즈니스 투자의 수익성을 평가한다. 닐슨노먼그룹은 다음과 같이 말한다. "ROI를 계산하는 것은 승인을 얻기 위한 강력한 도구다. UX가 사용자에게만 적합한 것이 아니라 비즈니스에도 매우 유용하다는 것을 입증할 수 있기 때문이다."[52]	콘텐츠 전략가는 비즈니스 및 전반적인 목표에 중요하다고 여겨지는 사용자가 수행하길 원하는 미리 정의된 작업에 콘텐츠가 어떤 도움을 줄 수 있는지를 확인하길 원한다. 프로덕트 및 서비스 유형에 따라 이러한 작업 중 일부에는 프로덕트 구매, 서비스 비용 지불, 구독 가입 등이 포함될 수 있다.[53]

---

50 "Net Promoter System", Bain & Company.

51 Ryan Panchadsaram, "What Is an OKR? Definitions and Examples", What Matters.

52 Kate Moran, "Three Myths About Calculating the ROI of UX", Nielsen Norman Group, 2020.9.6.

53 Jason Fernando, "Return on Investment", Investopedia, 2021.9.13.

매트릭스 및 분석에 대한 참고 도서

콘텐츠 전략가는 숫자와 밀접한 관련이 있다는 사실에 피로감을 느낄 수 있다. 그러나 데이터 중심인 디지털 환경에서는 매트릭스와 분석의 중요성을 피할 수 없다. 에이전시나 조직에서 포기율, 전환율, 광고 노출 횟수 등을 파악하는 담당자들과 협력 관계를 맺는 것도 좋고, 모든 데이터를 심층적으로 파악하기 위해서는 아래의 도서를 참고할 수 있다.

- 톰 툴리스Tom Tullis, 빌 알버트Bill Albert의 『사용자 경험 측정: 사용자 경험 개선을 위한 단계별 가이드라인』
- 마이클 비슬리Michael Beasley의 『사용자 경험을 위한 실용적인 웹 분석: 애널리틱스를 통해 사용자를 이해하는 방법Practical Web Analytics for User Experience: How Analytics Can Help You Understand Your Users』
- 루이스 로젠펠드Louis Rosenfeld의 『사이트에 대한 검색 애널리틱스: 고객과의 대화 Search Analytics for Your Site: Conversations with Customers』
- 아비나쉬 카우쉭Avinash Kaushik의 『실전 웹사이트 분석 A to Z: 성공적인 온라인 마케팅을 위한 웹데이터 분석과 활용』

시장의 변화 및 사용자의 니즈 충족을 위한 리더의 유연한 판단

경영진과 공유하고자 하는 또 다른 중요한 부분은 시장의 변화와 사용자의 니즈에 맞춰 어떤 지원을 해야 하는지에 관한 것이다. 이전 장에서 소개한 SWOT 분석은 리더십을 발휘하여 커뮤니케이션 채널을 여는 데 도움이 된다. SWOT 분석은 조직의 강점, 약점, 기회, 위협에 대한 분석 결과를 통해 조직에 실행 가능한 인사이트를 제공하는 전략적 계획 도구다.

CEO가 SEO를 만났을 때

2006년 디지털 콘텐츠 분야에서는 검색 엔진 최적화 SEO가 대세였다. 키워드 조사를 수행하여 사용자가 가장 많이 검색한 단어를 찾아내고 트래픽을 증가시키기 위해 키워드를 활용하는 것에 이르기까지, 웹 사이트를 운영하는 모든 기업과 사람은 SEO를 활용하고 싶어했다.

조직의 리더인 CEO가 SEO에 집중하는 프로젝트 매니저를 영입하는 데 핵심적인 역할을 했는지는 확실하게 알 수 없다. 그리고 CEO가 어떻게 SEO의 중요성을 받아들이게 됐는지도 알 수 없다. 하지만 한 가지 확실한 것은 SEO 중심 프로덕트 매니저와 콘텐츠 전략가가 함께 검색 결과에서 브랜드의 전반적인 위치를 개선하고 웹 사이트의 순수 방문 횟수를 늘리기 위한 콘텐츠 사용 방법에 대해 전략을 세우는 데에는 일주일도 걸리지 않았다는 사실이다. 일반적으로 콘텐츠를 변경하고 기타 다른 전략들을 구현한 후 실질적인 변화가 나타나기까지는 수개월이 소요됐다.

웹 사이트 재방문을 늘리는 편집 기능을 만들고 페이지 디자인과 콘텐츠를 업데이트하는 이니셔티브를 주도했다. 이 작업의 결과는 CEO와 다른 리더들로부터 인정받았다. 결론적으로 첫 3개월에 SEO가 40% 증가했고 페이지 순위도 상승했다. 또한 콘텐츠를 실시간으로 게시하기 위해 필요한 도구와 자금도 확보했다. 궁극적으로 사용자에게 신선하고 적절하며 관련성 높은 콘텐츠를 제공했다.

SEO를 통해 콘텐츠 전략의 기여도를 확인하고 정량화할 수 있었기 때문에 CEO는 우리의 일이 비즈니스의 전반적인 목표에 어떻게 기여했는지에 대해 더 많은 관심을 가지게 되었다. 리더십의 언어를 사용하는 방법을 배우면서 이 모든 과정을 수행했다.

SWOT 분석 프레임워크

강점	약점
• 잘하는 것 • 특별한 능력 • 타인(고객 혹은 경쟁자)이 보는 강점	• 개선할 수 있는 것 • 부족한 리소스 • 타인(고객 혹은 경쟁자)이 보는 약점
기회	위협
• 열려 있는 기회 • 강점으로부터 파생되는 기회 • 현재 또는 새로운 트렌드로 생기는 기회	• 해가 될 수 있는 위협 • 경쟁에서 오는 위협 • 약점이 노출되는 위협

그림 9.2 일반적인 SWOT 분석 프레임워크

그림 9.2에 표시된 SWOT 매트릭스의 각 사분면을 살펴보고 이를 활용하여 에이전시 또는 조직의 리더에게 콘텐츠 전략 실무의 가치를 입증할 수 있는 더 많은 방법을 알아보자.

- **강점:** 조직의 강점을 파악하려는 리더는 비즈니스가 무엇을 수행하는지 확인하고자 한다. 비즈니스가 유사한 조직이나 경쟁자들보다 유리한 점과 고유한 차이점을 파악해야 한다. 콘텐츠 전략의 관점에서는 정확성을 보장하기 위해 콘텐츠를 최신 상태로 업데이트하고 유지하는 데 지속적으로 투자하고, 적절한 형식과 채널을 통해 콘텐츠의 강점을 전달하기 위해 꾸준한 노력을 해야 한다.
- **약점:** 조직의 약점을 파악하려면 솔직함과 객관성이 있어야 한다. 조직의 리더가 매출 증대, 방문자 또는 사용자 수 증가 등 관련된 비즈니스 결과를 향상하기 위해 개선하고 변경해야 할 부분을 객관적으로 평가해야 한다. 콘텐츠 전략의 관점에서는 콘텐츠에 어떤 차이가 있는지를 리더가 이해하도록 도울 수 있다.
- **기회:** 기회를 고려할 때 리더는 조직의 범위를 넓힐 수 있는 잠재력을 가진 시장의 동향이나 변화를 파악해야 한다. 콘텐츠 전략의 관점에서는 비교 분석, 유저 리서

치, 기타 기업 정보 수집 활동 등 다양한 데이터를 검토하여 미래에 예상되는 비즈니스 기회를 포착하여 콘텐츠의 목표와 가치를 알리는 방법을 경영진에게 설명할 수 있다.

- **위협:** 위협을 판단할 때 리더는 비즈니스를 위험에 빠뜨릴 수 있는 규정 변경 같은 조직의 통제 밖에 있는 요인을 먼저 살펴야 한다. 위협 요인에 대한 철저한 평가를 통해 잠재적인 위협의 근본적인 원인도 고려해야 한다. 이를 통해 조직은 위협에 대해 신중하고 신속하게 대응할 방법을 파악할 수 있다. 콘텐츠 전략의 관점에서는 잠재적 위협에 대한 콘텐츠 대응 계획을 사전에 수립하면 실제로 위협이 발생했을 때 조직이 더 잘 대비할 수 있다. COVID-19 같은 예측 불가한 상황에는 완전히 대비할 수 없지만, 위험을 완화하기 위해서 콘텐츠의 중추적인 역할을 확립하고 실무를 수립하는 것은 충분히 가능하다.

SWOT 분석의 궁극적인 목표는 실행 가능한 정보를 조직에 제공하고 목표를 달성하기 위한 전략을 수립하는 방향을 제시하는 것이다. 리더십을 활용할 때 조직 차원에서 이와 동일한 방법을 사용할 수 있다.

효과적인 참여

크리스티나 할버슨Kristina Halvorson | 브레인 트래픽Brain Traffic 창업자

크리스티나 할버슨은 수십 년간 다양한 규모의 기업들과 일했다. 그래서 언제, 어떻게, 왜 경영진들을 참여시켜야 하는지 잘 알고 있다. "가장 먼저 해야 할 일은 콘텐츠 전략으로부터 혜택을 얻는 사람이 누구든 그들의 상사나 경영진에게 가도록 하는 것입니다. 그것이 내부적으로 지원을 위한 토대를 마련하고 입지를 다지는 일입니다." 다음으로 프로덕트 매니저, 디자이너와 같은 이해관계자들에게 중요한 것이 무엇인지 파악해야 한다고 했다. "그들의 관심사에 대해 언급하거나 그들의 관점을 통해 콘텐츠 전략을 이야기해야 합니다."

다음과 같은 우려 섞인 질문이 있을 수 있다. "손실된 수익을 회수하는 데 어떤 도움을 줄 수 있습니까? NPS를 향상하는 데 어떤 도움을 줄 수 있습니까? 노력과 비용이 드는 불필요한 중복 작업을 줄이는데 어떤 도움을 줄 수 있습니까? 어떻게 해야 우리 회사도 저 회사처럼 보일 수 있습니까?" 할버슨은 이러한 정보를 수집한 후에 다음과 같이 대답할 수 있다고 했다. "콘텐츠 전략이 이러한 목표를 달성하는 데 구체적으로 어떤 도움이 되는지 다음과 같이 설명할 수 있습니다."

또 다른 중요한 것은 경영진 수준의 리더십은 이런 것을 전혀 신경 쓰지 않는다는 사실이다. 그런 경우에는 이해관계자와 직접 의사소통하는 것이 더 효과적이라고 말한다. 최고 경영진이 참여할 가능성을 높이기 위해 콘텐츠 전략 실무가 포지션에 대해 의견을 표출할 수도 있다. 콘텐츠 관리 서비스, 콘텐츠 마케팅 서비스 등을 포함하여 누가 무엇을 소유하고 있는지에 대해 이야기할 때 콘텐츠 기능을 보유한 대규모 조직에서는 상황이 정무적으로 흘러갈 수도 있다. 추가 인력을 확보해야 하는 경우 특히 그렇다고 말한다. "경영진이 리더십을 활용하는 바로 그 시점에 그 자리에 절대 혼자 있지 마세요. 동료와 함께여야 합니다."

체크 리스트

실무와 관련된 지표 및 정보를 경영진이 공감하는 방식으로 명확하게 표현하는 것은 실무의 수명을 보장하는 데 매우 중요하다. 아래의 리스트를 수행하면 상황이나 조직에 적합한 수준의 경영진과 대화할 수 있다.

- ☑ 조직의 구조와 지원 프로세스를 이해해야 한다. 기존의 상의하달식의 방식이거나 자율적인 방식일 수도 있고 아니면 자체적으로 조직화된 콘텐츠 팀 또는 UX 팀일 수도 있다.
- ☑ 경영진 참여에 대한 단계적 접근 방식을 이해하고, 견인력을 최대한 얻기 위해 가장 좋은 참여 시점과 지점을 파악해야 한다.
- ☑ 리더십의 언어를 익히거나 에이전시, 고객 또는 조직 내에서 사용되는 용어의 의미를 명확하게 이해해야 한다.
- ☑ 리더와 효과적으로 의사소통하기 위해 SWOT 분석을 사용하는 것을 고려하고, SWOT 분석을 바탕으로 조직의 목표를 달성하는 데 콘텐츠 전략 실무가 어떻게 도움을 줄 수 있는지 보여주어야 한다.

이 장에 포함된 정보를 활용하여 상황과 조직에 가장 적합한 시점, 즉 건축을 시작하기 전이나 궁극적인 목표에 도달하기 전에 주요 경영진들에게 콘텐츠 전략 실무가 조직의 목표를 달성하는 데 어떻게 도움이 되는지 설명해야 한다.

CHAPTER 10

마지막 점검

건축물이 지어진 후 준공 검사관은 해당 건축물이 허가된 기준에 맞게 건축되었는지, 안전하게 입주할 준비가 되었는지를 확인하기 위해 최종 점검을 실시한다. 이때 세입자 또는 거주자는 입주 전 마지막으로 확인할 기회가 있다. 일관성 있고 확실한 점검을 위해 준공 검사관, 부동산 중개업자, 기타 이해관계자는 체크 리스트를 사용한다.

이 장에서는 콘텐츠 전략가로서 수립한 콘텐츠 전략 실무의 최종 단계로서 쉽게 점검할 수 있도록 전체적인 체크 리스트를 제공한다. 이 목록은 1장 '콘텐츠 전략을 위한 블루프린트'의 각 구성 요소를 확인하는 데 도움이 된다. 또한 지속 가능한 성장을 지원하기 위한 핵심 프로세스이다.

1. 비즈니스 사례를 만들어라. (1장에서 5장까지)

☑ 콘텐츠 전략 구축의 필요성을 파악하라.

☑ 확고한 기반을 다질 수 있도록 콘텐츠 전략을 수립할 환경에 대한 테스트를 수행하라.

☑ 블루프린트 구성 요소를 검토하여 현재 구축 중인 콘텐츠 전략을 명확히 파악하라.

☑ 콘텐츠 전략의 가치를 다른 사람들에게 전달하라.

☑ 콘텐츠 전략의 가치를 입증할 수 있도록 실제 사례를 연구하거나 큐레이션하라.

2. 다기능 팀과 강력한 관계를 구축하라. (2장)

☑ 확고한 기반을 다지는 데 필요한 다기능 분야 및 팀원 목록을 작성하라.

☑ 협력 관계를 구축하고 강력한 핵심을 유지하는 데 필요한 UX 이외의 부서별 파트너를 파악하라.

3. 프로세스 프레임워크를 생성하고 도구를 큐레이팅하라. (3장)

- ☑ 엔드 투 엔드 프로세스 프레임워크 작성에 다기능 팀원들을 참여시켜라.
- ☑ 역할 및 책임은 물론 프로세스 프레임워크 내에서 중요한 핸드오프를 파악하라.
- ☑ 프로젝트 또는 고객 수준에서 콘텐츠 전략 실무에 사용할 수 있는 도구를 평가하고 큐레이션하라.

4. 고객 또는 프로젝트 수요를 충족할 수 있도록 실무의 규모를 조정하라. (4장)

- ☑ 콘텐츠 전략 실무의 구조적 내구성과 도구들을 평가하여 추가적인 수요를 감당할 수 있는지 확인하라.
- ☑ 다기능 팀원 및 부서별 파트너와의 관계를 재검토하여 콘텐츠 전략 실무를 확장하라. 또한 프로세스의 차이를 파악하여 콘텐츠 전략 실무 구조의 약점을 보완하고자 하는 의도를 이들과 공유하라.
- ☑ 에이전시 기반의 경우, 잠재적인 고객과 늘어나는 프로젝트 수요를 사전에 파악하여 더 많은 작업을 수행할 수 있도록 규모를 조정하는 방법을 확인하라.
- ☑ 조직에 있는 경우, 프로덕트 백로그와 로드맵을 검토하여 향후 수행됨으로써 가치를 추가할 수 있는 프로젝트를 파악하라.

5. 의미 있는 성과 측정 기준을 수립하라. (5장)

- ☑ 동료 및 부서별 파트너와 협력하여 콘텐츠 전략의 성과를 측정할 수 있는 의미 있는 기준을 수립하라.
- ☑ 프로젝트를 추적하거나 이와 유사한 방법으로 성과 측정값을 기록하라.
- ☑ 동료, 이해관계자, 경영진 등과 성과 측정값을 공유하라.

또한, 콘텐츠 전략 실무 프로세스의 어느 시점에서든 리툴링(7장)을 진행하여 실무를 유지하고 확장할 수 있는 도구를 확보할 수 있다는 사실을 기억해야 한다. 또한 지속 가능한 성장을 위한 발판(8장)을 마련하기 위해 에이전시 또는 조직 전반에 걸쳐 콘텐츠 전략에 대한 전후 관계 맥락을 파악하여 콘텐츠 전략 실무의 성숙도를 파악하고 개선하기 위한 접근 방식도 고려해야 한다.

콘텐츠 전략 실무 수립 과정에서 간과해서는 안 될 마지막 단계가 남았다. 바로 리본을 커팅해야 한다. 이 마지막 단계는 비즈니스가 열려 있고 시작할 준비가 되어 있다는 것을 알리는 것일 뿐만 아니라 한 걸음 물러나 심호흡을 하고 성취한 모든 것들을 자랑스럽게 보여주는 순간이다.

콘텐츠 전략가
세계 최대 기업의 UX 기반 콘텐츠 전략

초판 발행일 | 2024년 8월 21일
발행처 | 유엑스리뷰
발행인 | 현호영
지은이 | 나탈리 마리 던바
옮긴이 | 김유리
편 집 | 이선유
디자인 | 김혜진
주 소 | 서울특별시 마포구 월드컵북로58길 10, 팬엔터테인먼트 9층
팩 스 | 070.8224.4322

ISBN 979-11-93217-52-8

From Solo to Scaled
by Natalie Marie Dunbar

* 유엑스리뷰는 골드스미스 출판그룹의 UX 및 디자인 도서 전문 출판 브랜드입니다..
* 잘못 만든 책은 구입하신 서점에서 바꿔 드립니다.

> 좋은 아이디어와 제안이 있으시면 출판을 통해 가치를 나누시길 바랍니다.
> ✉ uxreviewkorea@gmail.com